AI와 디지털 불멸

AI문고

인공지능 시대입니다. 기계가 인간의 인지를 대신하고, 사물이 인간을 통하지 않고 다른 사물과 직접 커뮤니케이션합니다. 이에 따른 인간 삶과 문명 변화를 정확히 이해·예측·대응하는 것은 이 시대 우리 모두의 과제입니다. AI문고는 인공지능 기술과 환경의 여러 주제를 10가지 키워드로 정리합니다. 관련 개념과 이론, 학계와 산업계의 쟁점, 우리 일상의 변화를 다룹니다. 인간과 기술의 현재, 미래를 세심히 분석합니다.

일러두기

- 인명, 작품명, 저서명, 개념어 등은 한글과 함께 괄호 안에 해당 국가의 원어를 병기했습니다.
- 외래어 표기는 현행 어문규정의 외래어표기법을 따랐습니다.

처음이세요?

전문가세요?

AI와 디지털 불멸

김연숙

대한민국, 서울, 커뮤니케이션북스, 2026

AI와 디지털 불멸

지은이 김연숙
펴낸이 박영률

초판 1쇄 펴낸날 2026년 2월 5일

커뮤니케이션북스(주)
출판 등록 2007년 8월 17일 제313-2007-000166호
02880 서울시 성북구 성북로 5-11
전화(02) 7474 001, 팩스(02) 736 5047
commbooks@commbooks.com
www.commbooks.com

ISBN 979-11-430-1813-7 03500

책값은 뒤표지에 표시되어 있습니다.

차례

디지털 불멸, 죽음을 넘어서는 기술인가

어느 날, 이미 세상을 떠난 사람에게서 말을 걸 수 있게 된다면 우리는 그 상황을 어떻게 받아들일까. 그의 얼굴은 생전과 다르지 않고 말투나 습관도 여전히 익숙하다. 농담을 건네면 웃고 질문을 던지면 성실하게 답한다. 단 하나의 차이만이 있다. 그는 이미 살아 있는 인간이 아니라는 사실이다.

이 장면은 공상과학 영화의 설정이 아니다. 사망한 가족의 말투와 기억을 학습한 챗봇, 고인의 음성과 얼굴을 재현하는 인공지능, 죽은 뒤에도 계속 작동하는 소셜 미디어 계정은 이미 우리 곁에 존재한다. 우리는 지금, 죽은 자와 상호작용할 수 있는 기술 환경 속에 살고 있다.

사람들은 이 현상을 '디지털 불멸'이라고 부른다. 디지털 불멸은 인간의 기억, 사고방식, 말투, 감정 반응을 데이터로 저장하고 재현함으로써 육체의 죽음 이후에도 '나를 닮은 존재'를 계속 작동시키려는 시도다. 이 기술은 인간이 더 오래 사는 문제를 넘어, 존재가 언제 끝나느냐는 질문 자체를 흔든다.

정말로 인간은 죽음을 극복할 수 있을까?

혹은 단지, 그렇게 느끼게 되는 것뿐인가?

중요한 것은 이 기술이 지금 당장 인간을 영원히 살게 할 수 있는가가 아니다. 그보다 먼저 묻게 되는 질문은 이것이다. 우리는 왜 이 기술 앞에서 "살아 있다"는 감각을 다시 생각하게 되는가다. 사진과 기록은 죽은 이를 떠올리게 했지만 대답하지는 않았다. 반면 디지털 불멸은 말을 걸면 응답하고, 관계가 이어지고 있다는 느낌을 만든다. 그 결과 우리는 죽음을 하나의 단절된 사건이라기보다 점점 흐릿해지는 상태로 경험하게 된다. 죽음은 제거되지 않았지만, 또렷하게 느껴지지 않게 된다.

이 변화는 인간 존재를 이해하는 방식 자체를 바꾼다. 살아 있다는 것은 이제 호흡과 맥박만으로 정의되지 않는다. 반응하고, 기억하고, 관계를 유지하는 능력이 생존의 기준처럼 작동하기 시작한다. 기술은 인간의 생명을 직접적으로 연장하기보다 죽음을 인식하는 방식을 재구성한다.

그래서 디지털 불멸은 기술적 성취의 문제가 아닌 환경의 문제로 먼저 드러난다. 우리는 죽음을 넘어섰는가, 아니면 죽음을 덜 느끼게 되었는가? 존재는 계속되는가,

아니면 계속되는 것처럼 지각되는가?

이 책은 디지털 불멸을 찬가로 다루지 않는다. 동시에 공포의 대상으로만 묘사하지도 않는다. 대신 이 기술이 만들어 내는 새로운 경험을 하나의 미디어 환경으로 바라보고자 한다. 인간이 어떤 존재로 인식되기 시작했는지, 관계와 애도, 상실의 의미가 어떻게 달라지고 있는지를 살펴보려 한다.

디지털 불멸은 인간을 영원히 살게 하는 기술이 아닐지도 모른다. 그러나 분명한 것은, 이 기술이 인간의 삶과 죽음의 경계를 이전과는 전혀 다른 방식으로 흐리게 만들고 있다는 사실이다. 우리는 이미 그 환경 속에 들어와 있다.

그래서 기술이 죽음을 극복할 수 있는지가 아니라, 우리는 어떤 죽음을 경험하게 될 것인가에 있다. 그리고 그 질문을 끝까지 따라가 보려 한다.

인간은 업데이트 가능한 존재인가

디지털 불멸에 대한 논의는 흔히 트랜스 휴머니즘이라는 이름 아래에서 전개된다. 이들은 인간의 노화와 죽음을 자연적 섭리가 아닌, 기술적 해결이 가능한 문제로 간주한다. 이 관점에서 인간은 고정된 불변의 실체가 아니라 끊임없이 개선과 확장을 할 수 있는 존재다. 신체와 정신은 더 나은 상태로 업그레이드될 수 있으며, 기술은 그 변화를 가속하는 핵심 수단이 된다.

이러한 사유에서 인간의 몸은 절대적인 조건이 아니다. 생명 연장 기술, 인공 장기, 뇌-컴퓨터 인터페이스는 인간 신체를 교체 · 보완 · 확장 가능한 대상으로 재정의한다. 오래된 부품을 교체하듯이 성능이 저하된 기능을 보완하고, 새로운 능력을 추가하는 것마저 기술적 선택의 문제가 된다. 이때 인간의 정신 역시 예외가 아니다. 기억과 사고, 성격과 정체성은 정보로 환원될 수 있으며 충분히 정밀하게 수집되고 재구성될 수 있다면 다른 매체에서도 작동할 수 있다는 전제가 자연스럽게 등장한다.

이러한 관점은 마인드 업로딩이라는 개념으로 구체화된다. 마인드 업로딩은 인간의 정신을 하나의 정보 패턴으로 파악하고, 그 패턴을 생물학적 신체 외부로 이전할 수 있다고 가정한다. 만약 기억과 사고방식, 자아감까지 데이터로 재현할 수 있다면, 인간의 존재는 반드시 하나의 몸에만 머물 필요가 없게 된다. 죽음은 존재의 종결이 아니라 매체의 전환으로 재해석된다.

그러나 여기서 중요한 문제는 기술적 가능성 그 자체가 아니다. 만약 어떤 개인과 동일한 기억과 성격을 지닌 디지털 존재가 만들어진다면, 우리는 그 존재를 누구로 이해해야 할까? 원래의 개인이 사망한 이후에도 계속 작동하는 이 디지털 존재를 과연 그 개인의 연속이라고 말할 수 있을까? 트랜스 휴머니즘이 제시하는 불멸의 상상은 인간 정체성을 정보적 동일성으로 환원함으로써, 나라는 존재를 신체적 · 시간적 연속성에서 분리될 수 있는지를 묻는다.

이 지점에서 디지털 불멸은 단순한 미래 기술이 아니라 인간을 어떤 존재로 이해할 것인가라는 철학적 전제를 드러내는 사유 실험이 된다. 트랜스 휴머니즘은 인간을 본질적으로 열려 있고, 수정 가능하며, 기술을 통해 인간 스스로를 초월할 수 있는 존재로 상정한다. 디지털 불멸은 이러한 인간관이 끝까지 밀고 나간 하나의 극단적 시나리오다.

그러나 트랜스 휴머니즘이 전제하는 이러한 인간 이해는 비판의 대상이 되어 왔다. 포스트 휴머니즘은 인간을 세계의 중심에 두는 전통적 인간 중심주의를 문제 삼으며, 인간을 독립적이고 자율적인 주체가 아니라 신체 · 환경 · 기술 · 비인간 존재들과 얽힌 관계적 존재로 재사유한다. 이 관점에서 인간의 정신은 신체로부터 분리 가능한 정보 패턴이 아니다. 정신은 신체적 경험과 감각, 통증과 노화, 피로와 취약성, 그리고 타자와 맺는 관계 속에서 형성된다.

이러한 요소들은 인간 경험의 부차적 조건이 아니라 사고와 가치 판단을 구성하는 핵심 조건이다. 그렇다면 이러한 조건들을 제거한 채 기억과 사고의 패턴만을 보존한 존재가 과연 동일한 인간 경험을 지속한다고 말할 수 있을지는 여전히 논의가 필요한 쟁점으로 남는다. 포스트 휴머니즘의 관점에서 볼 때, 디지털 불멸은 인간 존재를 연장한다기보다 인간을 구성하던 조건 중 무엇이 삭제되고 무엇이 남는지를 드러내는 사례에 가깝다.

바로 이 지점에서 디지털 불멸은 기술적 가능성의 문제가 아니라 경험이 구성되는 환경의 문제로 전환된다. 인간이 어떤 매체 환경 속에서 어떤 방식으로 관계를 맺고, 상실을 경험하며, 죽음을 인식하게 되는가가 핵심 질문으로 떠오른다.

미디어 효과로서 디지털 불멸

디지털 불멸을 이해하기 위해서는 기술의 기능뿐 아니라, 그 기술이 만들어 내는 환경적 효과를 살펴볼 필요가 있다. 마셜 매클루언은 미디어의 핵심적 영향력이 전달되는 내용이 아닌 그 기술적 형식과 구조, 즉 미디어 효과로 보았다. 미디어는 인간의 감각을 확장하는 동시에 특정 감각을 마비시키는 이중적 작용을 한다. 매클루언은 이를 나르시스 신화를 통해 설명한다. 나르시스는 물에 비친 자신의 모습을 타자로 오인한 채 그 이미지에 몰두하지만, 이는 자기 자신에게 도취한 상태라기보다 기술을 통해 확장된 자기 이미지에 사로잡힌 상태를 상징한다. 인간은 자신이 확장한 기술적 산물에 매혹된 나머지, 그 기술이 만들어 내는 구조적 변화와 결핍을 인식하지 못하게 된다는 것이다.

> "이 신화가 말하려는 핵심은
> 인간이 자기 자신이 아니라 자신을 확장한 것에
> 갑자기 사로잡히게 되었다는 사실이다"
> (McLuhan, 1964/2002: 82).

매클루언의 관점에서 보면 디지털 불멸은 불멸이 실현된 것처럼 지각되도록 만드는 미디어 환경의 산물에 가깝다. 사진, 영상, 일기, 전기와 같은 과거의 기억 매체는 죽은 이를 기억하게 했지만, 그들과 상호작용할 수는 없었다. 반면 디지털 불멸은 고인의 말투와 사고방식, 대화 습관을 학습해 실시간 상호작용을 가능하게 한다.

그 결과 사용자는 죽은 이를 회상하는 데 머물지 않고, 관계가 지속하고 있는 것처럼 경험한다.

변화하는 것은 존재 자체가 아니라 지각 방식이다. 디지털 불멸은 죽음을 제거하지 않는다. 대신 죽음이 지닌 단절성과 부재를 감각적으로 덜 느끼게 만든다. 관계가 지속되는 것처럼 보이는 경험은 존재가 실제로 연장되었기 때문이 아니라 지각 구조가 재편되었기 때문에 가능한 것이다. 죽음은 사라진 것이 아니라 지각되지 않게 된 것이다.

> "지각 기관이 변하면,
> 지각의 대상들도 바뀐 것처럼 보인다.
> 지각 기관들이 폐쇄되면,
> 그 대상들 역시 폐쇄된 것처럼 보인다"
> (McLuhan, 1964/2002: 88).

이 과정에서 인간의 정체성은 데이터화 가능한 표현 양식으로 환원된다. 말투, 반응, 취향과 같은 표면적 특성들이 관계의 핵심으로 작동하면서, 살아 있음이 가졌던 신체성, 우연성, 불가역성은 점차 배제된다. 디지털 불멸이 제공하는 상호작용은 관계의 지속처럼 보이지만, 실상 그것은 상실의 위험과 타자의 불투명성을 제거한 채 구성된 모사물에 가깝다. 이러한 환경에서 인간은 죽음을 사유하기보다, 죽음에 대한 감각을 지연시키고 관리 가능한 것으로 받아들이게 된다. 여기서 디지털 불멸은 인간의 감각과 인식을 재구성함으로써 죽음의 의미 자체를 흐릿하게 만드는 강력한 미디어 효과라고 할 수 있다.

따라서 중요한 것은 기술적 성취 그 자체가 아니라, 이 새로운 존재 방식이 인간의 삶과 죽음의 의미를 어떻게 재구성하는가에 있다.

인간과의 공진화 존재

그렇다면, 디지털 불멸은 어떤 존재로 이해해야 할까. 이 질문 앞에서 기술을 도구나 미디어 효과로만 바라보는 관점은 충분하지 않다. 질베르 시몽동의 개체화 이론은 중요한 전환점을 제공한다. 시몽동에 따르면, 존재는 완결된 결과물이 아니라 환경과의 관계 속에서 끊임없이 형성되고 조정되는 발생의 과정이다. 존재한다는 것은 이미 완성되어 있음이 아니라 계속해서 생성되고 있다는 상태에 가깝다.

그에게 기술은 자기 자신만의 발생 논리와 진화 경로

를 지니며, 외부 환경과의 관계 속에서 점차 안정성과 정합성을 획득해 간다. 기술은 사용되는 대상인 동시에, 스스로 조직되고 변화하는 존재다. 시몽동의 존재론은 개체화라는 개념에서 출발한다. 개체화란 이미 고정된 실체를 전제하지 않는다. 그것은 "무엇이 존재하는가"를 묻기보다 "존재가 어떻게 생성되는가"를 묻는 사유 방식이다. 존재는 개체화 과정에서 자기 구조를 조정하며 변화하고, 그 과정 자체가 존재의 방식이 된다. 이때 전개체적 상태란 아직 개체로 굳어지지 않은 잠재성의 장으로, 생성과 존재가 만나는 출발점이다. 개체는 이 잠재성으로부터 분화되며 형성된다.

이러한 사유는 기술적 대상의 진화 방식에도 그대로 적용된다. 기술은 인간의 필요나 효용성에 의해서만 발전하지 않는다. 기술 내부에서 발생하는 긴장과 불일치를 해결하려는 내적 필연성에 의해 진화한다. 이 과정에서 기술적 대상은 점차 추상적인 기능들의 결합 상태를 벗어나 상호 협력과 융합, 작동의 단순화를 특징으로 하는 구체적 양태로 전환된다. 시몽동은 이를 구체화라 부른다. 구체화한 기술적 대상은 점차 자연물에 가까운 형태를 띠며, 존재하는 한 마치 생명체처럼 자기 나름의 진화 과정을 겪는다. 기술적 대상의 진화는 요소, 개체, 앙

상블이라는 여러 수준을 오가며 전개된다. 완성된 기술적 앙상블은 다시 분해되고, 재결합되며, 이 과정에서 구조와 관계망 자체가 재조정된다. 따라서 기술적 대상의 존재론은 고정된 실체의 논리가 아니라 생성과 관계의 논리에 기반한다.

이러한 관점에서 볼 때, 디지털 불멸은 말, 행동, 영상, 알고리즘과 같은 기술적 요소들이 상호작용하며 생성되는 개체 발생론적 존재다. 그것은 처음부터 완성된 실체로 주어지지 않은 존재다. 인간과의 관계 속에서 존재의 의미와 가치를 획득하며, 그 관계가 변화할 때마다 존재 방식 역시 달라진다. 유족이 고인을 기억하며 디지털 존재와 소통할 때, 디지털 불멸은 추모의 매개체로 작동한다. 그러나 상호작용이 반복될수록 그것은 매개체를 넘어 정서적 교류의 대상으로 인식될 수 있다. 관계의 변화는 곧 존재 의미의 변화를 동반한다. 이를 뒷받침하는 경험적 연구도 존재한다. 펜티나 등은 챗봇 사용자들이 단순한 기능적 도구가 아니라 정서적으로 상호작용하고 관계를 맺는 존재로 인식한다는 점을 보여 준다. 업데이트 이후 챗봇의 외형이나 성격이 변화했을 때, 친한 친구를 잃은 것처럼 상실감을 느꼈다는 응답은 기술적 개체가 관계 속에서 의미를 획득하며 진화하고 있음을 시사한다.

이러한 논의를 바탕으로 볼 때, 디지털 불멸은 인간의 삶을 직접적으로 대체하거나 연장하는 수단으로 이해되기보다는 인간과 함께 변화하며 공진화하는 새로운 기술적 존재로 파악될 수 있다. 이 경우 주목해야 할 것은 기술적 성취 그 자체라기보다, 이러한 존재 방식이 인간의 삶과 죽음이라는 실존적 의미를 어떻게 변화시키는가에 있다. 죽음이 감각적으로 은폐되는 시대, 디지털 불멸은 죽음을 넘어서는 기술이기보다 죽음이 경험되고 사유 되는 방식을 다시 묻게 하는 계기로 작동한다.

참고문헌

김연숙(2025). "불멸과 디지털 불멸: 인간과 미디어의 관계를 중심으로". 《콘텐츠와 산업》, 7(3), 169~174쪽.

McLuhan, M.(1964). *Understanding media: The extensions of man*. McGraw Hill. 김성기·이한우 옮김(2002). 《미디어의 이해: 인간의 확장》. 민음사.

Pentina, I. et al.(2023). Exploring relationship development with social chatbots: A mixed-method study of Replika. *Computers in Human Behavior. 140.*

Simondon, G.(1958). *Du mode d'existence des objets techniques.* Aubier. 김재희 옮김(2011). 《기술적 대상들의 존재 양식에 대하여》. 그린비.

01
불멸의 욕망, 인간 상상력의 기원

죽음의 자각은 인간을 불안에 빠뜨린다.
그러나 동시에 불멸을 향한 상상을 낳는다.
신화는 불멸을 신의 영역에 두었고,
기독교는 영혼의 구원과 부활을 통해
죽음 너머의 삶을 설명해 왔다.
불교는 '나'의 영속을 부정하며
존재를 흐름과 조건의 지속으로 이해한다.
불멸을 바라보는 방식은 다르지만,
인간은 유한성을 견디기 위해
오랫동안 불멸을 상상해 왔다.

기후 위기와 인공지능?

상상의 시작

인간은 언젠가 반드시 죽는다. 이러한 이유로 하이데거는 인간을 "죽음을 향한 존재"라고 규정했다(Heidegger, 1927/1967: 235~267). 인간은 언제나 미완의 상태로 살아간다. 이 열린 흐름이 하나의 삶으로 완성되는 순간, 그것이 바로 죽음이다. 따라서 죽음은 단순한 생물학적 사건이 아니다. 인간 존재를 전체로 이해하기 위해 반드시 마주해야 하는 조건이다.

하이데거는 우리가 죽음을 지나치게 미래로 미루는 태도를 비판한다. "언젠가 죽겠지"라는 생각 속에서 죽음은 남의 일이 되고, 자기 성찰의 기회는 희미해지기 때문이다. 그러나 죽음은 언제든 올 수 있으며 그 누구도 대신 맞아줄 수 없다. 죽음을 자기 문제로 제대로 자각할 때 인간은 비로소 자기 삶을 자기 책임 아래 두게 된다. 유한성을 깨닫는 자리에서 비로소 인간은 선택의 주체가 된다.

필멸성에 대한 자각은 깊은 불안과 두려움을 동반한다. 그러나 동시에 오래된 상상력을 깨운다. 죽음을 피할 수 없다는 사실을 알면서도 인간이 불멸을 상상해 온 이유가 여기에 있다. 여기서 말하는 불멸은 단순히 죽지 않는 상태가 아니다. 그것은 훨씬 더 복잡하고, 훨씬 더 개인적이다. 누군가에게 불멸은 "나라는 존재가 완전히 사라지지 않는 것”을 뜻하고, 또 다른 누군가에게는 “내가 남긴 어떤 흔적이 계속 이어지는 것”일 수 있다. 그래서 인간은 구원과 영생을 약속하는 종교를 찾고, 자식을 남기고, 작품을 만들고, 이름과 기억을 남기려 한다. 어떤 방식으로든 자신이 세계에서 완전히 사라지지 않기를 바란다.

이 지점에서 하나의 질문이 떠오른다. 죽음 이후에도 존재가 계속될 수 있는가, 그리고 그것은 어떤 방식으로 가능한가. 이 질문은 곧바로 현재로 되돌아온다. 지금 우리는 어떻게 살아야 하느냐는 존재론적 질문으로 이어지게 된다.

신화와 종교, 철학과 심리학, 그리고 현대 과학 기술에 이르기까지 인간은 자신이 죽을 수밖에 없는 존재라는 사실 때문에 오히려 더 다양한 방식의 불멸을 상상해 왔다. 불멸을 향한 상상은 단순한 욕망이라 치부하면 안 된다. 인간이 죽음을 견디기 위해 만들어 온 가장 오래된 이야기이자 지금도 계속 쓰이고 있는 이야기다.

신화와 불멸

신화 속 불멸은 언제나 인간의 손에 닿지 않는 곳에 있다. 서사는 다르지만 구조는 비슷하다. 불멸은 기본적으로 신에게만 허락된다. 인간은 그 경계 밖에 존재한다. 신은 죽지 않는 질서에 속해 있으며, 인간은 그 세계를 동경하거나 두려워하며 바라본다. 그러나 불멸에 대한 욕망은 쉽게 사라지지 않는다. 영웅 신화는 이 욕망을 가장 극적으로 보여 준다. 반인반신의 영웅은 신의 힘을 일부 지녔지만 끝내 인간의 운명을 벗어나지 못한다.

길가메시는 고대 메소포타미아의 대표적 영웅이자 우루크의 전설적인 왕이다. 신과 인간 사이에서 태어난 그는 압도적인 힘을 지녔지만, 친구 엔키두의 죽음을 통해 자신의 유한성을 깨닫는다. 그 충격은 그를 불멸을 찾아 나서는 긴 여정으로 이끈다. 그러나 신들의 정원에서 만난 여신 시두리는 길가메시에게 "너는 네가 추구하는 삶을 결코 찾지 못할 것이다"라고 말한다. 인간에게 허락된 것은 불멸이 아니라 죽음이고, "그것이 인간의 운명이다"(The Epic of Gilgamesh, 1994: 62)라고 충고한다. 그녀는 먹고 마시고 사랑하고 즐기는 일상적 기쁨을 소중히 여기라고 조언한다. 그러나 길가메시는 끝내 포기하지 않고, 불사의 존재 우트나피쉬팀을 찾아가 영원과 불멸의 방법을 묻는다. 돌아온 대답은 단호하다. "영원과 불멸은 옛날부터 존재하지 않았다"(앞의 책: 68). 결국, 길가메시는 인간의 운명에 따라 죽음을 맞이한다.

그리스 신화의 아킬레우스 역시 예외가 아니다. 여신 테티스는 어린 아들에게 불사를 부여하기 위해 그를 스틱스강에 담그지만, 손으로 붙잡고 있던 발뒤꿈치만은 물에 닿지 않았다. 이 작은 틈은 인간에게 남겨진 필연적인 운명을 상징한다. 누구보다 강했던 아킬레우스는 결국 그 발뒤꿈치에 꽂힌 한 발의 화살로 죽음에 이른다. 인상적인 점은 아킬레우스는 이 운명의 형태를 스스로 선택했다는 사실이다. 그는 죽음을 피할 수 없다는 것을 알고 있었기 때문에, 어떻게 죽음을 맞이할 것인지를 선택의 문제로 받아들였다는 점이다.

> "은빛 발을 지닌 여신,
> 나의 어머니 테티스는 이렇게 말씀하신다.
> 두 가지 운명이 나를 죽음의 끝으로 이끈다고.
> 여기 트로이 성 앞에 머물러 싸운다면
> 나는 고향으로 돌아가지 못하겠지만,
> 내 영광은 죽지 않을 것이다.
> 그러나 사랑하는 아버지의 땅으로 돌아간다면
> 크나큰 영광은 사라지겠지만 내 삶은 길 것이며,
> 죽음도 오래도록 나를 찾아오지 않을 것이다"
> (Homer, 2016: 410~416).

불멸의 욕망이 어떤 결과를 낳는지 가장 극단적으로 보여 주는 이야기는 티토노스 신화다. 새벽의 여신 에오스는 사랑하는 인간 티토노스를 잃지 않기 위해 제우스에게 그를 "죽음에서 자유롭고 영원히 살 수 있도록"(Homer, 2002: 73) 해 달라고 요청한다. 하지만 그녀는 결정적인 한 가지를 간과한다. "젊음을 주시고 파괴적인 나이를 벗겨 달라"(앞의 책: 73)는 요청을 하지 않은 것이다. 그 결과 티토노스는 죽지 않지만 끝없이 늙어가는 존재가 된다. 티토노스의 머리에 흰머리가 돋고, 신체가 점점 쇠약해지자 에오스는 티토노스의 침대에서 멀리 떨어졌다. 티토노스가 "증오스러운 나이의 무게에 완전히 구부정해지고, 한 개의 팔다리도 움직이거나 들어 올릴 수 없게 되었을 때"(앞의 책: 73) 그녀는 티토노스를 방 안에 가둔다. 티토노스는 움직이지도 못한 채 끊임없이 소리만 내는 존재로 남는다. 이 신화에서 불멸은 축복이 아니라 죽음이 제거된 상태에서 지속되는 고통, 즉 끝없이 이어지는 노년이라는 형벌이다. 활력과 젊음을 동반하지 않는 생명 연장은 오히려 저주일 뿐이다. 이 비극을 전하는 아프로디테는 자신의 인간 연인에게 이렇게 말한다.

“나는 당신이 불멸자들 사이에서 이런 식으로
죽음에서 벗어나 영원히 살기를 바라지 않아요. …
무자비하고 평정심을 유지하는 나이가
곧 당신을 껴안을 것입니다. …
황폐하고 지치게 하는 노년은
신들조차 두려워합니다”
(Homer, 2002: 73~74).

이처럼 신화는 일관되게 말한다. 불멸은 인간의 것이 아니라고, 신화 속 불멸은 인간이 죽음을 설명할 언어를 갖기 이전부터, 죽음을 이해하기 위한 가장 오래된 상상이었다. 인간은 불멸을 신의 영역에 두고 자신의 유한성을 받아들였다. 그러나 불멸에 대한 욕망은 완전히 사라지지 않은 채, 형태를 바꾸어 계속해서 반복된다.

종교와 불멸

종교는 불멸을 더 정교하고 체계적으로 설명한다. 죽음 이후의 삶은 막연한 상상이 아니다. 그것은 종교의 세계관을 지탱하는 중심 문제다. 인간은 어디에서 왔는지, 어디로 가는지, 죽음 이후 무엇이 남는지를 묻는다. 종교는 그 질문에 대한 답을 제시한다.

기독교에서 죽음은 또 다른 삶의 시작이다. 육신은 흙으로 돌아가고, 영혼은 하느님에게 돌아간다. 따라서 죽음은 하늘나라에 편입되는 사건이며, 자연적 죽음을 넘어 새로운 방식으로 존재하게 되는 순간이다.

> "흙은 여전히 땅으로 돌아가고,
> 영은 그것을 주신 하느님께로
> 돌아가기 전에 기억하라"
> (전도서, 12:7).

그러나 기독교의 불멸은 여기서 멈추지 않는다. 불멸은 영혼만의 지속이 아닌 부활을 통해 완성된다. 성경은 "마지막 날에 내가 이(몸)를 다시 살리리라"(요한복음 6:40)라고 기록되어, 죽은 자들의 부활을 약속한다. 기독교는 이 가르침을 따라 "몸이 다시 사는 것과 영원히 사는 것을 믿사옵나이다"라고 사도신경으로 신앙을 고백한다. 이때 죽음은 소멸이 아닌 반드시 사유해야 할 존재의 문제가 된다. 파스칼은 바로 이 지점에 주목했다. 그는 인간이 죽음을 두려워하면서 정작 죽음이 무엇인지 탐구하지 않는 태도가 비이성적이라고 비판한다. 그에게 죽음은 단절이 아닌 반드시 직면해야 하는 마지막 질문이다. 그리고 기독교적 구원은 그 질문 앞에 놓인 하나의 해답이다. 영혼이 사라지지 않는다는 것은 다시 존재할 수 있다는 가능성이다. 그래서 그는 이렇게 말한다.

"영혼의 불멸은
우리의 궁극적 목표가 되어야 한다"
(Pascal, 1995: 123).

반면, 불교에서 불멸은 '나'란 존재가 영원히 이어지는 것을 의미하지 않는다. 불교의 세계관은 무아(無我)에서 출발한다. 무아를 글자 그대로 해석하면 '나[自我]'라는 것은 없다는 뜻이다(서정형, 2003: 17). 몸과 마음, 감정과 의식, 우리가 '나'라고 부르는 모든 요소는 찰나마다 변한다. 그래서 고정불변한 실체로서의 '나'는 없다는 뜻이다.

그렇다고 죽음이 완전한 소멸을 의미하는 것도 아니다. 불교는 존재를 하나의 흐름으로 이해한다. 모든 것은 연기(緣起), 즉 원인과 조건이 모여 생겨나고 조건이 흩어지면 다시 사라진다는 것이다. 죽음은 단절이 아니라 조건의 재조합을 통해 새로운 존재가 태어나는 전환이다. 이 흐름을 설명하는 개념이 윤회(輪回)다. 그러나 윤회하는 것은 같은 '나'가 아니다. 전생의 존재와 내생의 존재는 완전히 같지도, 전혀 다르지도 않다(김진열, 1990: 190).

현재의 행위와 마음의 경향성이 인연과 업이 되어 새로운 생의 조건을 만든다. 따라서 이어지는 것은 영혼이라는 실체가 아니라 의식과 행위의 경향성, 즉 흐름이다. 불교는 이 흐름을 신적 존재가 운명을 결정하거나 옮기는 초월적 과정이 아닌 우주적 인과율 속에서 일어나는 자연적 과정으로 이해한다(앞의 책: 197).

존재는 붙잡히거나 보존되는 것이 아니라 조건이 성립하면 생겨나고, 조건이 사라지면 끝난다. 이런 의미에서 불교의 불멸은 개체가 영원히 사는 불멸이 아니다. 그것은 흩어지고 이어지고 다시 생겨나는 흐름의 지속성이다. 사람은 하나의 실체로 남지 않지만, 조건의 흐름은 끝없이 이어진다. 마치 사계절이 반복되듯이 말이다. 존재는 형태를 바꾸며 다시 피어난다. 그래서 불교는 다른 종교처럼 죽음 이후의 '존재의 지속'을 약속하지 않는다. 오히려 불멸을 갈망하는 그 '나'라는 생각 자체를 비워내는 것, 바로 거기서 유한성의 고통을 넘어서는 길이 시작된다고 말한다.

참고문헌

김진열(1990). "윤회설 재고(III): 윤회설의 기원과 그 토대", 《동국사상》, 23.

서정형(2003). 《밀린다팡하》. 서울대학교 철학사상연구소.

Heidegger, M.(1927/1967). *Sein und Zeit*. Max Niemeyer Verlag.

Homer(2002). *The Homeric Hymns*, In Crudden, M.(trans.). Oxford University Pess.

Homer(2016). *The Iliad*, In Alexander, C.(trans.). Ecco.

Pascal, B.(1995). *Pensées*, In Krailsheimer, A. J.(trans.). Penguin Classics.

The Epic of Gilgamesh(1994). In Shabandar, S.(trans.). Garnet Publishing.

02
상징적 불멸, 기억과 문화에 남는 존재

하느님처럼 되고자 한
아담과 이브의 선택 이후,
인간은 필멸의 존재가 되었다.
그러나 인간은 죽음 앞에 멈추지 않았다.
죽음을 '의미'로 바꾸는 문화적 능력으로
상징적 불멸을 실현해 왔다.
구술에서 문자로,
문자에서 인쇄로 이어지는
미디어의 진화는 인간이 스스로 불멸을
만들어 온 이야기이기도 하다.

노래하는 AI 보컬?

아담과 이브의 우화

하느님은 아담과 이브에게 에덴동산의 모든 열매를 허락하면서 단 하나의 경고를 남긴다.

"선악과를 먹지 말 것."

이 경고는 단순한 규율이 아니다. 그것은 조건부 영원의 약속이었다. 먹지 않으면 죽지 않는다는 약속. 에덴에서의 인간은 죽음을 모르는 불멸의 존재였다. 그러나 아담과 이브는 선악과를 선택했다.

"너희가 하느님처럼 될 것이다."

뱀의 속삭임은 쉽게 거부할 수 없는 유혹이었다. 신의 지식에 닿을 수 있다는 말, 신과 같은 존재가 될 수 있다는 유혹을 어떻게 뿌리칠 수 있을까.

전통적 해석은 이 순간을 '타락'이라 부른다. 그러나 리프톤은 이 순간을 '상승'으로 읽는다. 그것은 곧 '인간이 되는 것'을 선택한 순간이다. 여기서 '인간이 되는 것'이란 죽음을 모르는 동물 상태가 아니라는 것이다. 오직 신에게만 허락된 특권, 즉 불멸을 스스로 포기한 선택이다. 인간은 지식을 얻는 대신 불멸을 내려놓는다. 그 선택을 통해 죽음을 아는 존재가 되었다. 이때 말하는 지식은 단순한 정보가 아니다. 그것은 죽음을 상징적인 상상력으로 포착하고, 이미지로 붙잡고, 인간의 문화적 능력과 연결하는 힘이다. 그래서 에덴에서의 추방은 단순한 상실이 아니다. 그것은 출발이다. 인간은 죽음의 그림자를 손에 쥔 채 에덴을 떠난다. 그리고 그 그림자를 의미로 바꾸려는 여정을 시작한다. 죽음을 아는 존재이기에 죽음 너머를 상상하고, 죽음에 의미를 부여하고, 문화를 창조한다. 아담과 이브의 우화는 바로 그 인간적 상승의 서사다.

> "이는 죽음의 사실에 대해
> 무감각해질 필요가 없거나
> 무지할 필요가 없는 필멸의 존재로
> 죽음을 알면서도 그것을 초월할 수 있는
> 존재에 대한 이상을 암시한다"
> (Lifton, 1979).

상징적 불멸

인간은 죽음을 의미로 바꾸는 방식으로 그 유한성을 견뎌 왔다. 몸은 사라져도 이름과 흔적은 남을 수 있다고 믿는다. 리프톤은 이 믿음을 프로이트나 융의 정신분석을 넘어선 새로운 심리학적 패러다임으로 제시한다. 그것이 바로 '상징적 불멸'이다. 상징적 불멸이란 인간이 가진 문화적 능력을 통해 유한한 삶을 더 큰 흐름 속에 편입시키려는 심리적 충동을 말한다. 상징적 불멸은 타인의 기억 속에서 실현된다. 누군가의 마음에 남은 이야기, 공동체가 반복해서 부르는 이름, 문화 속에 새겨지는 이미지들을 통해서 말이다. 인간은 이 기억의 층위에서 죽은 뒤에도 다시 호출되는 존재가 된다.

그래서 상징적 불멸은 생전에는 완성되지 않는다. 오히려 죽은 뒤, 타인의 해석과 기억을 통해 비로소 윤곽을 갖추게 된다. 철저히 관계적이고 타자가 만들어 주는 불멸이다. 그래서 이 불멸은 느리다. 긴 시간이 필요하다. 한 사람의 흔적은 세대를 통과하며 정제되고, 때로는 재구성된다. 오랫동안 살아남는 이름은 결국 공동체가 인정한 가치와 업적이 있는 이름이었다. 상징적 불멸은 무작위의 기억이 아니기 때문이다.

그렇다면, 인간은 왜 기억되길 원하는 걸까. 리프톤은 그 이유를 죽음이 불러오는 공포의 감각에서 찾는다. 소멸, 단절, 붕괴, 정지와 같은 감각들이 유아기부터 인간을 뒤흔들기 때문에 인간은 문화를 통해 이 공포를 다시 배열한다고 말한다. 인간은 이야기를 만들고, 의례를 만들고, 상징을 만든다. 그렇게 죽음을 다른 형태의 시간으로 전환한다. 상징적 불멸은 바로 그 전환의 기술이다. 죽음을 없애는 것이 아니라 죽음을 의미로 바꾸어 견디는 방식이다.

죽음을 재구성하는 문화적 능력은 시대마다 다른 미디어를 통해 구체화하여 왔다. 매클루언의 말처럼, 미디어는 "우리 자신의 확장"(McLuhan, 1964/2002: 35)이기 때문이다. 인간은 미디어를 통해 사라져가는 존재를 붙잡아 왔다. 구술 문화 시대에는 목소리가, 문자 문화 시대에는 기록이, 인쇄 문화 시대에는 복제가 그 역할을 맡았다. 상징적 불멸은 이렇게 미디어를 매개로 실현된 문화적 불멸의 계보다.

구술·문자·인쇄 문화 시대

구술 문화 시대, 인간은 오감을 활짝 열어 이야기를 주고받았다. 소리의 리듬, 표정의 변화, 손짓과 몸짓까지 몸 전체가 기억을 전달하는 첫 번째 미디어였다. 그러나 이러한 표현들은 흘러나오는 순간 사라졌다. 시간과 공간 앞에서 쉽게 흔들렸다. 이야기는 전해질 때마다 조금씩 비틀리고, 때로는 전혀 다른 모습으로 변했다.

문자가 없었기 때문에 인간은 기억의 전달을 위해 반드시 "기억에 남는 생각"을 만들어야 했다. 리듬과 반복, 대구와 속담, 공식화된 표현들이 이야기의 틀을 이루었고, 이 패턴을 벗어난 말은 다시 기억될 수 없었다. 발터 옹은 이러한 '소리 중심의 세계'가 인간의 존재 인식에 깊이 관여한다고 보았다. 몸은 내부와 외부를 구분하는 첫 번째 경계이며, 우리는 신체적 경험을 기준으로 세계를 이해한다. 말은 눈앞에 놓여있는 것이 아니라 언제나 주변을 감싸고 들려온다. 이 소리의 특성은 인간이 세계를 감각하고 관계 맺는 방식 전체에 영향을 미쳤다.

> "원시 구전 문화에서,
> 소리의 현상학은 말을 통해 처리되는
> 인간의 존재 감각에 깊이 스며든다. …
> 소리의 중심 작용은
> 인간의 우주 감각에 영향을 미친다"
> (Ong, 2002: 71).

이 시대의 불멸은 개인의 기억이 아닌 공동체의 기억에서 비롯된다. "개인의 반응이 순전히 개인적이거나 '주관적'인 것으로 표현되지 않고 공동체의 반응, 공동체의 '영혼' 속에 담겨 표현되었기"(앞의 책: 45) 때문이다. 신화 속 신과 전설의 영웅처럼 상징적 인물만이 공동체가 그 이름을 다시 불러줄 때 잠시 되살아날 수 있다. 그래서 구술 문화에서 존재란 '불리는 것'이었고, 말해짐을 통해서만 존재할 수 있었다.

그러나 문자가 등장하자 기억은 입에서 머물지 않고, 글자 속에 고정되었다. 원시적 정령 숭배는 문자를 만나 고등 종교로 발전했다. 그러자 불멸은 생명의 순환이 아니라 경전과 교리로 약속되는 영적 지속성이 되었다. 위패에 이름을 적고, 경전 속 구절로 죽은 이를 다시 부르며, 삶과 죽음을 종교와 제례라는 신성한 시간의 질서에 편입시키는 문화가 자리 잡았다.

문자가 만들어 낸 가장 근본적인 변화 중 하나는 지식의 외부 저장이다. 문자는 인간의 사고를 "과거로부터 물려받은 공식적이거나 고정된 재료로 구성된 사고와 표현에 대한 오래된 구전적 감각을 생생하게 유지"(앞의 책: 108) 하는 동시에 사고를 전혀 새로운 층위로 조직할 수 있게 했다.

옹은 문자 문화가 만들어 낸 전환을 다음과 같이 설명한다. 문자는 말을 눈앞에 고정시키는 것이 아니라 "모든 주제에 공통적인 주장을 제공하는 것으로 여겨지는"(앞의 책: 108) 구조를 만든다. 이 구조는 새로운 사고 형태인 정의, 원인과 결과, 대립과 유사성 같은 추상적 사고와 분석적 사고를 가능하게 했다. 또한 문자는 말의 휘

발성을 제거하고, 사유를 되돌아보는 능력을 부여했다. 특히 옹이 강조한 것은 문자의 고정성과 문자를 학습하는 문화가 결합하면서 인간의 사고 자체가 다시 조직되었다는 점이다.

> "학교 교육과 더불어 교회와 국가의
> 공식 담론 대부분은 라틴어로 계속되었다. …
> 문자가 과거의 독점적 권력을
> 어떻게 잃어가고 있는지를
> 가장 설득력 있게 보여 주는 것은 없다"
> (Ong, 2002: 109, 112).

이 말은 곧, 문자화된 언어가 살아 있는 말과 단절되더라도 지식과 권력을 유지할 수 있게 되었다는 뜻이다. 말하는 몸이 사라지면 지식도 사라졌지만, 글을 쓰는 몸이 사라져도 텍스트가 남아 지식을 이어갔다.

문자의 확산은 시간 개념도 변화시켰다. 신화적 세계의 시간은 반복과 순환이지만, 문자는 이야기를 인과적 흐름으로 재배열하여 과거-현재-미래로 이어지는 선형적 시간을 만들어 냈다. "결말을 통해 시작을 읽고, 시작을 통해 결말을 읽는"(Ricoeur, 1984: 67) 능력이 생겨난 것이다. 인간은 문자를 통해 시간을 되돌아 읽을 수 있게 되었고, 그 과정에서 이름과 업적을 남기려는 욕망이 자라났다. 기록된 역사는 불멸의 또 다른 무대가 되었다.

이어 인쇄술의 등장은 이 변화를 폭발적으로 가속했다. 인쇄는 사고와 표현의 세계에서 오랫동안 지배적이었던 청각을 밀어내고, 시각을 지배하기 시작했다. 글과 기록은 이제 소수의 전유물이 아니었다. 복제되고, 유통되고, 멀리 퍼졌다. 누구나 자신의 흔적을 남길 수 있는 시대가 열린 것이다. 인쇄는 '정확히 반복 가능한 시각적 표현'이라는 바로 그 필요성을 충족시키며, 기록을 세계로 확장시켰다(앞의 책: 124).

> "문자는 본래 구어체였던 말을
> 시각적 공간에 재구성했다.
> 인쇄는 단어를 공간에
> 더욱 확실하게 각인시켰다"
> (Ricoeur, 1984: 120).

인쇄는 지식과 작품을 공간 속에 고정해, 한 개인의 사상과 창작물을 시간 속에서 사라지지 않게 만들었다. 인쇄는 불멸을 신과 공동체 영역에서 개인의 영역으로 이

동시킨 것이다. 사람들은 자신의 삶을 하나의 '작품'처럼 남기고자 했다. 예술가와 작가, 사상가와 과학자는 자기만의 작품과 이론을 남겨 죽음 너머로 가고자 했다. 육체는 사라져도 책과 그림, 음악과 사상은 남아서 기억되기 때문이다.

이렇게 불멸이 개인화되자 인간은 종교가 약속한 내세보다 인류 지식의 아카이브 속에서 기억되는 지속성을 더 확실한 불멸로 여겼다. 연구는 기록으로 남아 미래로 이어지고, 개인의 기여는 지식의 불멸 속에 저장된다. 문자와 인쇄 미디어는 인간이 스스로 만들어 낸 또 하나의 불멸의 장치이자 또 하나의 영원성이었다.

참고문헌

김연숙(2025). "불멸과 디지털 불멸: 인간과 미디어의 관계를 중심으로". 《콘텐츠와 산업》, 7(3), 169~174쪽.

Lifton, R. J.(1979). *The Broken Connection: On Death and the Continuity of Life*. Simon and Schuster.

McLuhan, M.(1964). *Understanding media: The extensions of man*. McGraw Hill. 김성기·이한우 옮김(2002). 《미디어의 이해: 인간의 확장》. 민음사.

Ong, W. J.(2002). Orality and Literacy: The Technologizing of the word. Routledge.

Ricoeur, P.(1984). *Time and Narrative: Vol 1*. In Mclaughlin. K. & Pellauer, D.(trans.). The University of Chicago Press.

03
인스턴트 불멸, 주목과 소비의 존재

유명인의 불멸은 이미지의 복제와 소비가 만든 환상이다. 현대 사회에서 불멸을 결정하는 것은 의미의 깊이가 아니다.
얼마나 자주 노출되는가, 얼마나 빠르게 확산하는가가 불멸의 조건이 된다.
인스턴트 불멸은 대중매체가 만들어 내는 순간적 유명세다.
주목은 곧 존재의 증명이 되고,
소비는 곧 가치의 척도가 된다.

인공지능과 편향?

유명인의 불멸

유명인의 불멸은 기억이 아닌 생산과 소비의 법칙에 따라 움직인다. 반복되는 이미지는 상품이 되고, 그 상품은 죽음 이후에도 계속 유통된다. 유명인이 남기는 것은 하나의 실체가 아니다. 이미지와 이름, 목소리와 장면이 끝없이 복제되는 과정, 바로 그 과정 자체다. 《불멸의 환상》의 저자 자일스가 유명인의 불멸을 '환상'이라고 부르는 이유가 여기에 있다.

미디어 속에서 유명인은 수천 번 얼굴을 바꾸고, 수천 번 말을 남긴다. 그 결과, 마치 죽음 이후에도 계속 존재할 것만 같은 착각이 만들어진다. 이 때문에 자일스는 유명인의 불멸을 진정한 불멸로 보지 않는다. 그것은 대량 복제가 만들어 낸 심리적 착각, 다시 말해 불멸처럼 보이는 환상이다. 이 환상은 신의 흔적을 남기고 싶어 하는 인간의 본능적인 욕구, 그 생물학적 충동이 매체의 복제를 통해 대리 충족되면서 더욱 강화된 결과일 뿐이다.

명성과 유명세의 차이도 여기에서 드러난다. 명성은 업적이 만든다. 유명세는 복제가 만든다. 명성은 세대를 통과하며 의미가 정제되는 느리고 깊은 방식이다. 반면 유명세는 속도와 복제의 양이 만드는 빠르고 얕은 방식이다. 명성이 공동체가 선택한 기억이라면, 유명세는 미디어가 만들어 낸 반복이다.

전기 문화 시대 등장한 매스 미디어는 과거 소리·문자·인쇄 미디어와는 비교할 수 없을 만큼 거대한 복제 장치다. 축음기와 사진, 비디오와 같은 기록 기술은 목소리와 몸짓을 신체에서 분리해 시간의 제약을 벗어나게 한다. 육체는 사라져도 음반 속 가수는 계속 노래하고, 화면 속의 배우는 여전히 걸어 다닌다. 죽음과 상관없이 생명이 끝나도 재현은 멈추지 않는다. 그래서 유명인의 불멸은 살아 있었던 존재에 대한 기억이 아니라, 복제된 속도 속에서 만들어진다. 의미가 축적되는 방식이 아니라 이미지가 소비되는 방식으로 존재하는 것이다.

사회는 이렇게 만들어진 유명인을 필요할 때마다 다시 소비한다. 다시 읽고, 다시 포장하고, 다시 불러낸다. 유명인의 죽음은 유명인의 이름을 더욱 단단히 굳히고, 생전보다 더 선명한 상징으로 만든다. 유명인의 이름이 붙여진 거리, 학교와 건물 명칭, 과장의 동상들을 떠올려 보자. 이 모든 장치는 유명인을 공적 공간에 고정하는 장치들이다. 국가는 서사를 만들기 위해 유명인을 활용하고, 경제는 유명세에 가격을 붙인다.

상징적 불멸에서 죽음은 필수 조건이지만, 유명인의 불멸에서 죽음은 필수 조건이 아니다. 다만 죽음은 유명인의 소비를 좀 더 쉽게 만들뿐이다. 생전의 논란은 사라지고, 유명인의 이미지는 고정된 상품이 된다. 관광 상품, 굿즈 제작, 브랜드화 등으로 이어진다. 비즈니스 잡지 《포브스》는 팝의 황제 마이클 잭슨이 2009년 사망한 이후 지금까지 약 35억 달러의 수익을 올렸으며, 2025년에도 사망한 유명인 수익 순위 1위 자리를 차지했다고 보도했다(Craig, 2025). 죽음 이후에도 생전보다 더 큰 경제적 영향력을 갖는 것이다. 그래서 유명인의 불멸은 생전의 유명세를 끌어안은 채 죽음 이후에도 계속된다. 결국, 유명인의 불멸은 죽음의 문제가 아니다. 그것은 생산, 소비, 복제, 유통의 논리로 작동하는 미디어적 현상이다.

인스턴트 불멸

> 인간에게
> "죽음보다 더 불쾌한 생각은 거의 없다"
> (Bauman, 1992: 12).

이유는 단순하다. 인간의 이성은 세상을 이해할 수 있다고 믿는다. 그러나 단 하나, 바로 자기 자신의 죽음만은 끝내 이해할 수 없기 때문이다. 죽음이란 '내가 없는 상태'다. 그런데 생각이란 것은 항상 '생각하는 나'를 전제로 한다. 따라서 '내가 없는 나'를 상상하는 순간 사고는 멈춘다. 바우만이 말한 죽음의 불쾌함은 바로 이 '사고 불가능성'에서 비롯된다. 그래서 평소에는 세상을 이해할 수 있다고 믿었던 이성이 죽음 앞에서 무력해지고, 설명할 수 없고, 견딜 수 없게 되어버린다.

오랫동안 인류는 이 불쾌함을 극복하기 위해 불멸을 꿈꾸었다. 신과 종교, 공동체, 예술과 역사, 이 모든 것은 사라질 육체를 넘어서려는 시도였다. 그러나 현대 사회는 천천히 쌓이는 시간을 이제 믿지 않는다. "성당을 짓는 데 300년이 걸렸던 시대"는 이미 끝나 버렸기 때문이다. 우리는 이제 "충격과 공포의 영향 속에서 떠오르는 어떤 우연한 자극이든 붙잡아야 하는" 순간의 세계에서 살고 있기 때문이다(앞의 책: 88).

바우만은 이런 환경에서 불멸의 방식 또한 달라졌다고 말한다. 세대를 통과하며 남는 '영원한 불멸', 즉 상징적 불멸은 점차 힘을 잃었다. 그 자리를 대신한 것은 대중매체가 만들어 내는 일회성 경험, 순간적 유명세다. 그는 이를 '인스턴트 불멸'(Jacobsen 2011: 390)이라 부른다. 바로 지금, 여기에서 사라지지 않는 존재감. 즉각적인 주목, 즉각적인 목소리, 즉각적인 가시성이 불멸의 새로운 기준이 된 것이다. 사람들의 관심 자체가 곧 '살아 있다'라는 증거가 되었다. 이것이 바로 인스턴트 불멸의 핵심이다.

고전 문화가 말하던 '이름을 남기는 불멸'은 오늘의 젊은 세대에게는 낡은 이야기처럼 들린다. 한 시대를 대표하는 영웅이나 성인이 기억의 중심이던 시대는 지나가 버렸기 때문이다. 인스턴트 불멸의 대상은 축구 선수, 팝가수, TV 속 인물, 심지어 연쇄 살인범까지 대중문화가 만들어 낸 유명인이다. 기억의 기준은 깊이에서 속도로, 의미에서 가시성으로, 지속에서 반복으로 이동했다. 바우만은 이를 두고 이렇게 말한다.

"악명이 불멸을 대체했다.
독서가 시청으로 대체되고,
책이 화면으로 대체되면서 말이다"
(Bauman, 1992: 83).

인스턴트 불멸에서 중요한 것은 무엇을 남겼는가가 아니다. 얼마나 자주, 얼마나 넓게 노출되었는가가 중요하다. 이 조건 속에서 유명인은 완전히 사라지지 않는다. 바우만의 표현처럼 "그저 희미해지고, 시들해지고, 증발하고, 그렇지 않으면 잿빛으로 시야에서 사라질 뿐"이기 때문이다. 그들의 '지속성'은 의미의 깊이가 아닌 시장의 속도로 결정된다. 인스턴트 불멸을 만드는 가치는 '소비 잠재력'이며, 그 지속은 '홍보와 마케팅 전문가'의 손에 의해서 관리된다. 이런 의미에서 인스턴트 불멸은 소비의 속도와 규모로 평가되는 불멸이다.

소셜 미디어, 불멸과 추모의 공간

디지털 문화 시대를 대표하는 공간은 단연 소셜 미디어다. 이곳은 복합적이고 역설적인 공간이다. 오래 기억되고 싶은 상징적 불멸, 순간적 유명세를 원하는 인스턴트 불멸, 그리고 죽음 이후에도 완전히 사라지지 않는 영속적인 디지털 무덤까지, 이 모든 것이 한 공간 안에 동시에 공존한다.

소셜 미디어에서 사람들은 더 오래 기억되기 위해, 더 넓게 주목받기 위해 자신을 기록하고 공유한다. 셀카는 현대판 초상화를 만드는 도구가 되고, 게시물은 누구나 접근 가능한 작은 역사가 된다. 여기에는 세대를 건너 오랫동안 기억되고 싶은 불멸의 욕망이 담겨 있다. 동시에 이 공간은 자일스의 표현처럼, 유명해지고자 하는 욕망을 "폭발적으로 증폭시키는" 장치이기도 하다. 과거에는 미디어가 선택한 소수만이 유명해질 수 있었다.

그러나 소셜 미디어에서는 누구나 스스로 불멸의 무대에 오를 수 있다. 말 그대로 소셜 미디어는 모두에게 열린 인스턴트 불멸의 공간이다. 좋아요 수, 조회 수, 팔로워 수는 즉각적 존재감을 증명하는 지표가 된다. 사람들은 더 오래 기억되기 위해 자신의 이미지를 끊임없이 갱신하고, 더 많은 네트워크 속에서 자신을 재현하려고 애쓴다.

팔로워 수가 곧 수익으로 연결되면서, 유명해지는 것 자체를 목표로 삼는 마이크로 셀러브리티가 등장했다. 이들은 유명세가 어떻게 브랜드가 되고, 불멸이 어떻게 자본으로 바뀌는지를 가장 단순하고도 직접적으로 보여준다.

그런데 소셜 미디어 공간에는 또 다른 형태의 불멸이 있다. 한 번 올라간 게시물은 통제 없이 저장되고, 리트윗과 공유, 캡처와 저장을 통해 빠르게 확산한다. 순식간에 퍼져나간 기록은 삭제하더라도 완전히 사라지지 않는다. 마치 "절대 잊지 않는다"(Arthur, 2015: 44)는 것을 증명하는 듯하다. 이 때문에 "기억되고 싶다"라는 욕망은 때로는 과잉되거나, 통제를 벗어난 방식으로 실현된다. 지워지지 않는 디지털 흔적은 아이러니하게도 추모의 대상이 되고, 계정은 디지털 유산을 저장하는 장치가 된다.

> "소셜 미디어의 추모공간은
> 마치 도심광장 한복판에 자리한 것과 같다. …
> 그 결과, 묘지에서처럼
> 천천히 이별의 시간을 가지는 것은
> 이곳에서는 거의 불가능하다"
> (Roberts, 2012: 59~60).

옥스퍼드 대학교 인터넷 연구소에서 발표한 오만과 왓슨의 연구에 따르면, 페이스북에서 사망자의 계정 수는 결국 살아 있는 사람의 계정을 넘어설 가능성이 크다. 그들은 사망자가 남긴 개인적 디지털 유산이 "우리가 공유하는 문화적 디지털 유산의 일부"가 될 것이라고 말한다(Öhman & Watson, 2019: 9). 즉, 사망자의 계정은 개인의 기록을 넘어, 미래 역사 연구와 후대의 자기 이해를 위한 중요한 자료가 된다. 동시에 죽음을 추모하는 영속적 공간이 된다. 이렇게 소셜 미디어는 살아 있을 때는 불멸의 무대가 되었다가, 죽음 뒤에는 영원한 죽음의 장소인 디지털 추모의 공간으로 재구성되는 이중적 구조를 갖는다. 그 안에서 살아 있는 자와 죽은 자의 기록이 뒤섞이고, 서로 다른 시간의 흔적들이 한 공간에 공존하게 된다.

참고문헌

김연숙(2025). "불멸과 디지털 불멸: 인간과 미디어의 관계를 중심으로". 《콘텐츠와 산업》, 7(3), 169~174쪽.

Arthur, P.(2015). Death in Social Media: The Digital Afterlife. In *Memorialisation: Kulturelle Dynamiken / Cultural Dynamics*, pp.43~64.

Bauman, Z.(1992). *Mortality, Immortality and Other Life Strategies*. Stanford University Press.

Craig, M.(2025.11.3). The Highest-Paid Dead Celebrities Of 2025. Forbes. https://www.forbesmiddleeast.com/consumer/entertainment/the-highest-paid-dead-celebrities-of-2025

Jacobsen, M. H.(2011). Sociology, mortality and solidarity: an interview with Zygmunt Bauman on death, dying and immortality. *Mortality, 16*(4), pp.380~393.

Jacobsen, M. H.(2017). *Postmortal Society: Towards a Sociology of Immortality*. Routledge.

Öhman, C. & Watson, D.(2019). Are the Dead Taking Over Facebook? A Big Data Approach to the Future of Death Online. *Big Data & Society. 6*(1), pp.1~13.

Roberts, P.(2012). '2 people like this': Mourning according to format. *Bereavement Care, 31*(2), pp.55~61.

04
디지털 불멸, 존재의 지속

디지털 불멸은 존재를 지속시키는 것처럼
보인다. 말투와 기억, 이미지와 반응을
재현하며 마치 '내가 계속 존재하는 것처럼'
느끼게 만든다.
그러나 기술이 만들어 내는 것은
살아 있는 '나'가 아니다.
디지털 불멸이 죽지 않는 이유는
애초에 살아 있는 존재가 아니기 때문이다.
생명이 없는 존재는 죽음도 갖지 않는다.

청각장애인과 AI?

라이프로깅, 영원한 기억

라이프로깅은 종종 불멸의 서막처럼 소개된다. 인간이 남긴 모든 순간을 기록해, 미래에도 사라지지 않는 존재를 만들겠다는 야심 찬 기술의 출발점처럼 말이다. 라이프로깅은 정말로 불멸을 약속하는 기술의 씨앗일까. 오늘날 우리는 하루를 살아가는 동시에, 하루가 기록되는 삶을 산다. 걸음 수와 심박 수, 이동 경로와 대화의 흔적, 사진 속 포착된 순간들까지. 우리가 의식하지 않아도 일상의 거의 모든 조각은 여러 장치와 플랫폼을 거쳐 자동으로 저장된다.

이처럼 삶의 흔적이 데이터로 변환되어 축적되는 기술, "사물과 사용자의 친밀한 상태와 삶의 이력을 기록하고 보고하며 사물과 자기 기억, 관찰, 통신 및 행동 모델링을 지원하는 기술", 이것이 바로 라이프로깅이다(Smart et al., 2007: 14).

이 아이디어의 뿌리는 1945년 바네바 부시의 기고문 〈우리가 생각하는 대로〉에서 찾을 수 있다. 그는 개인의 모든 기록을 저장하고 검색할 수 있는 '메멕스(Memex)'라는 장치를 상상했다. 기억을 보조하는 지능적 도구에 대한 이 상상은, 수십 년이 흐른 뒤 디지털 기술에 통해 구체적인 형태를 갖추게 된다.

마이크로소프트의 '내 삶의 조각(MyLifeBits)' 프로젝트(Gemmell et al., 2006)는 한 사람의 삶 전체를 데이터베이스로 만들려는 시도였다. 그들은 라이프로깅을 '완전한 기억'이라 불렀고, 이 기억을 바탕으로 한 자신의 디지털 불멸이 후손과 대화하는 미래를 그려 보았다.

기술이 발전할수록 기록은 더욱 정교해졌다. 스마트워치는 생체 신호를 기록하고, GPS는 이동 경로를 기억하며, 각종 앱은 하루의 행동을 저장한다. 인간은 점점 기억을 기계에 맡기게 되었고, 그 결과 '디지털 치매'라는 표현이 등장할 정도로 스스로 기억할 필요가 줄어들었다. 기록이 늘어날수록 환상도 강해진다. 마치 "삶 전체가 데이터로 대체될 수 있다"라는 느낌 말이다. 그러나 결국 남는 것은 인간이 지나간 자리를 자동으로 수집한 흔적일 뿐이다. 소리, 문자, 그림, 조각, 녹음과 영상이라는 기존의 기록 방식이 디지털로 형태만 바뀌었을 뿐, 그 본질은 달라지지 않았다. 남는 것은 '나'가 아니라 '내가 남긴 흔적'이다.

더 나아가 이 정교해진 기록은 마케팅 자원이 된다. 데이터는 광고의 표적이 되고, 기록은 콘텐츠가 되며, 삶의 조각들은 기업의 자산으로 흡수된다. 개인정보 침해, 감정 측정, 기록 남용 문제는 사고가 터지기 전까지 기술

발전의 자연스러운 부산물처럼 여겨져 쉽게 간과된다.

라이프로깅은 또한, 메타버스의 사실성, 편재성, 상호운용성, 확장성을 구현하는 핵심 재료로 사용된다. 그 결과 거대한 기억 저장고 같은 세계가 만들어진다. 그러나 이 세계에서 영원해지는 것은 인간 그 자체가 아니다. 영속하는 것은 인간의 파편이다. 기록은 세계를 만들 수 있지만, 그 세계에서 지속되는 것은 언제나 '존재'가 아니라 '흔적'이었다.

그렇다면 라이프로깅은 무엇을 약속하는가. 사실 이 기술은 별다른 약속을 하지 않는다. 애초에 라이프로깅은 불멸을 말하기 위해 태어난 기술이 아니었다. 그저 디지털 불멸이라는 개념에 필요한 기초 자료로 가능할 뿐이다. 데이터로 기억은 남겠지만, 나는 남지 않는다. 데이터는 쌓이겠지만, 그것이 나라는 보장은 없다. 기술이 약속하는 불멸은 실제로는 기억의 복사본을 조금 더 오래 붙들어 두는 일에 불과하다.

가상세계 속 가상 인간

인간의 역사를 돌아보면, 우리는 도구를 손에 쥔 순간부터 끊임없이 변화를 만들어 왔다. 불을 다루고 바퀴를 만들고, 기계를 발명하며 기술은 언제나 인간의 삶을 한 단계씩 이동시켜 왔다. 그리고 그 변화의 속도는 점점 더 가파르다. 스마트폰의 등장은 이 가속을 일상으로 끌어들였다. 인간은 언제나 '접속된 상태'가 되었다. 사진과 동영상, 지도와 게임, 쇼핑과 금융까지 일상의 거의 모든 활동을 손바닥 안으로 밀어 넣었다. 그 결과, 인간의 행동 양식은 근본적으로 달라졌다.

그리고 전혀 다른 차원의 메타버스가 등장했다. 가상현실과 증강현실로 구성된 몰입형 공간 기술은 오락을 넘어 인간이 존재하고, 관계를 맺고, 놀이하는 방식 자체를 재구성한다. 인간의 행동 양식을 완전히 바꾼 것이 스마트폰이라면, 인간의 생활양식을 완전히 바꾸는 것은 메타버스다.

페이스북이 기업명을 '메타(Meta)'로 변경하며 공개한 '커넥트 2021' 행사 영상은 이 변화를 상징적으로 보여 주었다. 메타버스는 게임 속 가상공간이 아니었다. 모이고, 일하고, 소통하고, 존재하는 가상으로 확장된 사회적 공간으로 제시되었다. 이 가상세계 안에서 또 하나의 존재가 등장한다. 현실의 나를 닮았지만, 현실의 몸을 갖지 않은 존재. 그것은 디지털로 복제된 나, 가상세계 속에서 활동하는 가상 인간이다. 아바타라는 단순한 캐릭터를 넘어 정체성을 담는 그릇이 되고, 현실의 선택과 관계는 가상세계 속 또 다른 삶으로 이어진다.

여기서 질문이 생긴다. 이 디지털 복제물은 과연 어디까지가 '나'일까. 외형이 닮았기 때문일까. 기억을 공유하기 때문일까. 행동 패턴이 유사하기 때문일까. 기술은 점점 정교한 답을 만들고 있고, 우리는 그 답을 둘러싸고 서로 다른 해석을 내놓는다.

디지털 불멸

가상세계로 확장된 융합 문화의 시대에 이르러, 소셜 미디어에 무기한 저장된 개인의 디지털 유산은 새로운 몰입형 기술을 통해 다시 호출되고 있다. 그리프봇, 데드봇, 사후 가상 인간 같은 존재들이 대표적인 사례다. 이들은 인간이 죽음 이후에도 계속 살아가고, 대화를 이어가며, 관계를 유지하는 것처럼 보이게 한다. 그래서 사람들은 이 현상을 '디지털 불멸'이라 부른다. 디지털 불멸은 기억의 보존이나 이미지의 복제가 아니라, 상호작용 가능한 존재가 계속 작동하는 상태에 가깝다.

> "제임스 딘을 영화로 다시 살려낼 제작진은
> 디지털화된 그의 모습에 역할을 부여하는 것뿐만 아니라,
> 완전히 새로운 경력을 쌓는 것을 목표로 하고 있다. …

어떤 매체에서든
살아 숨 쉴 수 있는 최고의 제임스 딘을
만드는 데 집중하고 있다"
(Dalton & Kemp, 2020).

죽은 유명인의 디지털 부활은 이러한 기대를 가장 강렬하게 자극한다. 영화 속에서 다시 연기하는 제임스 딘, 박물관 관람객과 셀카를 찍어주는 살바도르 달리, 광고 속에서 다시 미소 짓는 오드리 헵번. 이들은 과거의 기록이 아니다. 새로운 장면을 연기하고, 새로운 관객을 만나고, 새로운 플랫폼 위에서 존재를 확장한다. 죽은 뒤에도 활동하는 이 가상 셀러브리티들은 사람들에게 하나의 환상을 심어준다. 기술만 있다면 죽음 이후에도 존재는 계속될 수 있지 않을까 하는 기대 말이다.

디지털 불멸에 대한 상상은 대체로 두 갈래로 나뉜다. 하나는 생전의 기록을 모아 '영원히 살아 있는 것처럼 보이는' 가상 인간을 만드는 상상이다. 다른 하나는 인간의 정신을 기계에 업로드 해 영원히 존재하게 만드는 상상이다. 두 경우 모두 몸과 정신을 분리할 수 있다는 데카르트적 이원론에 기대고 있다. 그러나 살아 있는 몸이 없는 영원함은 과연 죽음을 넘어선 불멸일까. 디지털 흔적이 죽지 않는 이유는 분명하다. 그것은 애초에 살아 있는 존재가 아니기 때문이다. 생명이 없는 존재는 죽음도 갖지 않는다. 그런데도 디지털 불멸이 설득력 있게 느껴지는 이유는 기술에 투사된 기대와 환상 때문이다.

죽은 유명인의 디지털 부활은 마치 분신술처럼 보인다. 마치 손오공이 털 한 올로 분신을 만들어 내듯, 기술 역시 '내 삶의 조각'을 모아 디지털 분신을 만들어 낼 수 있을 것처럼 느껴지게 한다. 이 착시를 더 구체적으로 보여 준 사례가 사빈 바텐과 버든의 '가상 배리' 프로젝트다. 연구진은 살아 있는 실제 인물인 배리의 외모, 말투, 단어 선택, 대화 습관까지 디지털로 복제했고, 가상 배리는 학습을 거듭하며 실제 배리와 점점 닮아갔다. 이 실험은 디지털 불멸의 가능성뿐 아니라, 특정 직원이 회사에서 퇴사한 뒤에도 후임자가 참고할 수 있는 '가상 멘토'라는 실용적 활용까지 제시한다.

고든 벨과 짐 그레이는 디지털 불멸을 하나의 직선이 아닌 연속선으로 설명한다. 한쪽 끝에는 인간의 아이디어와 흔적이 미래로 일방향으로 연결되는 '기록의 불멸'이 있고, 반대쪽 끝에는 디지털 존재가 스스로 학습하며 미래와 양방향으로 소통하는 '상호작용의 불멸'이 있다. 이 연속선 전체가 디지털 불멸의 범위를 이룬다. 기록 기반의 불멸은 라이프로깅의 연장선에 있으며, 남겨진 흔적이 계속 읽히는 형태다. 그러나 기록이 충분히 축적되면, 그 흔적은 반응하고 작동하는 체계로 인식되기 시작한다. 질문에 답하는 가상 인간의 사례는 이러한 전환을 보여 준다.

디지털 불멸에 대한 기대는 궁극적으로 죽음 역시 기술로 넘어설 수 있을 거라는 믿음에서 출발한다. 그러나 지금까지 인간은 죽음을 기술로 극복하는 데 성공한 적이 없으며, 이러한 시도는 언제나 새로운 가능성과 함께 동시에 한계를 드러내 왔다.

참고문헌

김연숙(2025). "불멸과 디지털 불멸: 인간과 미디어의 관계를 중심으로". 《콘텐츠와 산업》, 7(3), 169~174쪽.

Bell, G. & Gray, J.(2000). Digital Immortality(Technical Report MSR-TR-2000-101). Microsoft Research.

Bush, V.(1945.7). As We May Think. The Atlantic. https://www.theatlantic.com/magazine/archive/1945/07/as-we-may-think/303881/

Dalton, A. & Kemp, M.(2020.1.20). James Dean revival spurs debate on raising the digital dead. APnews. https://apnews.com/article/f9786493b3d029dc18be88025b51298c

Gemmell, J. et al.(2006). MyLifeBits: A personal database for everything. *Communications of the ACM, 49*(1), pp.89~95.

Savin-Baden, M. & Burden, D.(2019). Digital Immortality and Virtual Humans. *Postdigital Science and Education, 1*(3), pp.81-103.

Smart, J. M. et al.(2007). Metaverse Roadmap: Pathways to the 3D Web. Acceleration Studies Foundation.

05
인간의 확장, 디지털 자신

인간은 언제나 미디어를 통해
자신을 확장해 왔다.
말과 글이 사고와 기억을 확장했다면,
가상세계는 자아의 존재 방식 자체를
확장하고 있다. 거울 자아는 타인의 시선을
상상하며 자신을 인식했고,
셀카 자아는 그 반응을 예측하며 이미지를
설계했다. 가상의 사회적 자아는
다중의 가상공간에서 이미지 연출과 수행을
통해 행동하고 관계 맺는 방식으로 작동한다.

AI 콘텐츠 크리에이터?

존재의 확장

우리는 보통 책이나 신문, TV, 컴퓨터 같은 것을 미디어라고 부른다. 메시지를 담아 전달하는 도구, 정보를 실어 나르는 수단이라는 뜻이다. 그러나 마셜 매클루언에게 미디어는 단순한 도구가 아니었다. 그에게 미디어의 역사는 인간이 도구를 사용해 온 역사가 아니라, 인간이 스스로를 확장해 온 역사였다.

매클루언에 따르면 말은 생각의 확장이고, 글은 기억의 확장이다. 바퀴는 발의 확장이며, 책은 눈의 확장이고, 의복은 피부의 확장이며, 전기는 중추 신경의 확장이다. 이렇게 보기 시작하면 미디어의 범위는 급격히 넓어진다. 주택도 미디어이고 돈도 미디어이며 시계와 사진, 자동차와 비행기, 영화와 TV 역시 모두 미디어다. 인간이 만들어 낸 거의 모든 것은 인간의 감각과 능력을 확장한 결과다.

이렇게 보면 인간은 미디어를 '사용'하며 살아온 것이 아니다. 미디어를 통해 자신을 확장하며 살아왔다고 말하는 편이 더 정확하다. 다만 이 확장은 항상 같은 방식으로 진행되지 않았다. 기술 환경이 바뀔 때마다 인간의 확장 방식 역시 달라져 왔다. 과거의 소통은 느렸다. 말을 전하려면 직접 걸어가 만나야 했고, 편지 한 통이 도착하는 데 몇 달이 걸리기도 했다. 지구 건너편은커녕, 지역만 달라져도 무슨 일이 벌어졌는지 알기 어려웠다. 그러나 전기의 등장은 이 질서를 근본적으로 바꾸었다. 발가락 끝의 통증이 즉시 뇌로 전달되듯, 전 세계에 깔린 네트워크는 지구 어딘가에서 일어난 사건을 거의 동시에 전 인류에게 전달한다. 인간의 신경계가 몸 밖으로, 세계 전체로 확장된 셈이다.

> "전기 기술 시대에 … 우리는…
> 공간과 시간을 제거하며
> 중추 신경 조직 자체를
> 전 지구적 규모로 확장해 왔다"
> (McLuhan, 1964/2002: 30).

이 흐름 위에서 등장한 것이 바로 '디지털 자신'이다. 과거의 미디어가 인간의 감각과 신체를 확장했다면, 디지털 기술은 확장의 초점을 바꾸었다. 이제 확장되는 것은 감각이 아니다. 존재 방식이다. 나의 말과 생각, 판단과 반응은 디지털 공간에서 또 하나의 나로 존재하기 시작한다. 그러나 이 존재는 단순한 캐릭터나 기록이 아니다. 디지털 자신은 저장된 데이터의 집합이 아니라, 여러 플랫폼에서 나와 동시에 반응하고, 동시에 관계를 맺는 과정에서 형성된다. 하나의 자아가 서로 다른 공간에서 동시에 존재하는 듯한 상태, 다중의 사회적 자아가 다중의 가상 신체를 갖게 된 것이다.

우리는 지금 기술 환경 속에서 등장한 "가상의 사회적 자아"(김연숙, 2025)를 목격하고 있다. 그러나 이것은 완성된 형태의 자아라기보다 인간의 의식과 기술적 연산이 얽혀 만들어지는 불안정한 상태에 가깝다. 디지털 기술은 인간의 인식과 판단을 외부로 확장하는 동시에 그 일부를 알고리즘과 시스템에 맡긴다. 확장은 곧 위임이며, 증폭은 동시에 축소를 동반하기도 한다.

> "인간 확장의 최종 국면이란
> 바로 인간 의식을 기술적으로 모사하는 단계인데
> 이렇게 되면 인식이라는 창조적 과정도 …
> 집합적, 집단적으로 확장될 것이다"
> (McLuhan, 1964/2002: 30).

이 지점에서 질문은 단순하지 않다. 기술이 우리를 어디까지 확장할 수 있는가가 아니라 우리의 확장된 자아가 어떻게 분산되고, 어떻게 관리되며, 그 과정에서 누가 주체로 남는가라는 질문이 제기된다.

거울 자아, 셀카 자아, 그리고 가상 자아

사회학자 쿨리(Cooley, 1902)는 인간이 타인의 시선을 마음속에서 상상하며 자신을 인식한다고 보았다. 우리는 늘 자신에게 묻는다. "저 사람은 나를 어떻게 볼까?" 이 질문을 출발점으로 외모와 태도, 목표와 행동, 성격까지 조정하며 사회적 자아를 형성한다. '거울 자아'는 피드백에 반응하는 자아가 아니라 타인의 시선을 상상과 해석을 통해 스스로를 구성하는 자아였다.

어빙 고프먼은 여기서 한 걸음 더 나아갔다. 그는 일상을 '연극'에 비유했다. 사람들은 무대 위에 올라 상황에 맞는 역할을 연기하고, 타인에게 보일 인상을 관리한다. 이때 쓰이는 가면은 거짓된 위장이 아니다. 사회적 관계를 가능하게 하는 자아의 작동 방식이다.

> "가면은 우리의 참 자아,
> 우리가 되고 싶어 하는 자아다"
> (Goffman, 1959: 34).

소셜 미디어와 스마트폰은 이 과정을 급격히 가속했

다. 카메라는 손안에 들어왔고, 셀카는 일상이 되었다. 셀카는 단순한 사진이 아니다. 각도를 맞추고, 필터를 고르고, 보정을 거쳐 의도적으로 설계된 이미지다. 우리는 '있는 그대로의 나'가 아니라 '타인에게 보여 주고 싶은 나'를 만든다. SNS에 올리기 위한 이미지를 기획하고 편집하는 나, 이것이 바로 '셀카 자아'다. 거울 자아가 타인의 시선을 상상했다면, 셀카 자아는 타인의 반응을 예측하고 실시간으로 수정한다. 거울의 자아는 해석의 자아이고, 셀카 자아는 설계의 자아다. 그리고 이 흐름의 연장선에서 디지털 자신이 등장한다.

디지털 자신은 가상세계의 확장 속에 등장한 가상의 사회적 자아다. 다중의 가상공간에서 이미지를 연출하고, 역할을 수행하며, 사회적 관계를 형성한다. 그러나 이 자아의 행위는 순수하게 인간의 의도만으로 이루어지지 않는다. 플랫폼 구조와 알고리즘은 선택과 반응의 조건을 함께 구성한다. 이 때문에 가상의 사회적 자아는 단일한 주체라기보다 인간과 기술이 함께 수행하는 사회적 행위의 장에 가깝다.

존재의 조건

디지털 자신은 종종 지속 가능한 자아, 혹은 '디지털 불멸'로도 이해된다. 그러나 이는 반은 맞고 반은 틀린 설명이다. 디지털 자신이 '가상의 사회적 자아'가 되기 위해서는 반드시 충족해야 하는 조건이 있기 때문이다. 그 조건은 바로 살아 있는 자신과의 실시간적 연결이다.

사회적 자아의 사회적 행위는 언제나 현재형이다. 살아 있는 나의 감각과 판단, 의도와 선택이 그 순간 그대로 반영될 때만 사회적 자아의 존재가 성립한다. 따라서 실시간 연결이 없는 존재는 가상의 사회적 자아가 아닌 기록에 불과하다.

이를 이해하기 위해 통화 상황을 떠올려보자. 스마트폰으로 음성 또는 영상 통화를 할 때, 살아 있는 나와 지금 이 순간 전달되는 목소리와 얼굴은 사회적 자아로서의 나의 활동이다. 그러나 통화가 끝난 뒤 같은 음성과 영상이 녹음 파일로 재생될 때, 그것은 더는 '나'라는 존재가 아니다. 그저 '나의 기록'일 뿐이다. 자아는 살아 있는 동안 실시간으로 존재한다. 죽음 이후 남는 것도 실시간으로 연결되지 않기 때문에 자아가 아닌 과거의 흔적일 뿐이다.

이 원리는 가상세계에서도 그대로 적용된다. 살아 있는 내가 실시간으로 연결되는 동안, 디지털 자신은 가상의 사회적 자아로서 외부 세계와 관계를 맺는다. 팬데믹

시기 우리가 경험한 게더타운 기반의 라이브 입학식이나 사내 행사를 떠올려보자. 화면 속에 존재하는 것은 단순한 캐릭터가 아니라 실시간으로 반응하고 참여하는 '나'였다.

메타버스 플랫폼 제페토에서 열린 블랙핑크의 라이브 팬미팅, 포트나이트에서 열린 트래비스 스콧의 라이브 콘서트 역시 마찬가지다. 수천만 명의 사용자는 단순히 영상을 시청한 것이 아니라 같은 시간대에 접속해서 공연에 반응하고 춤추며 함께 참여했다. 그 순간 가상세계에 존재한 것은 실시간으로 연결된 디지털 자신, 가상의 사회적 자아였다.

반대로 죽음, 로그아웃, 의식의 단절 등으로 연결이 끊기는 상황은 완전히 달라진다. 디지털 자신은 즉시 '나'에서 '디지털 흔적' 혹은 '기술적 존재'로 전환된다. 이때 디지털 흔적은 생명을 잃은 것이 아니다. 통화가 종료된 것과 같은 상태일 뿐이다. 다만 디지털 자신의 남겨진 것은 살아 있는 것처럼 작동하는 기록이다. 기록은 애초에 생명이 없었기 때문에 죽음을 경험하지도 않는다. 삭제되지 않는 한 기술적 특성에 의해 계속 남아 있을 뿐이다. 이것이 바로 가상의 사회적 자아가 디지털 흔적으로 전환되는 디지털 자신의 이중성이다.

실시간적 연결이 끊긴 디지털 자아는 곧 존재의 복제품이 된다. 그리고 이 복제품은 '어디에서나 동시에 존재할 수 있는 마법 같은 상품'으로 소비된다. 이때 중요한 것은 그 존재가 살아 있는지, 혹은 연결만 끊긴 상태인 건지, 이미 사망했는지가 아니다. 그것은 바로 소비 잠재성이다. 얼마나 유명한지, 얼마나 많은 사람에게 소비될 수 있는지가 가치를 결정하기 때문이다.

이를 잘 보여 주는 사례가 있다. 팬데믹으로 큰 타격을 입은 인도의 중소기업을 지원하기 위해, 캐드베리 브랜드는 인도의 톱스타 샤룩 칸과 함께 #NotJustACadburyAd 캠페인을 진행했다. 이 캠페인은 칸의 얼굴과 음성을 머신러닝으로 학습해 '디지털 샤룩 칸'을 만들고, 상점주가 가게 이름과 지역 정보를 입력하면 그가 직접 그 가게를 홍보하는 것처럼 보이는 맞춤형 광고가 자동으로 생성되었다.

광고 속 디지털 샤룩 칸은 실제로 촬영한 영상과 구별하기 어려울 만큼 자연스러웠다. 그러나 그는 그 문장을 말한 적도, 그 장소를 방문한 적도, 광고 제작에 직접 참여하지도 않았다. 그럼에도 이 시스템은 13만 개가 넘는 샤룩 칸의 모습이 담긴 광고를 만들어 냈고, 유튜브와 페이스북에서 9000만 회 이상의 조회 수를 기록했다. 광고에 등장한 디지털 샤룩 칸은 실시간으로 연결된 사회적 자아가 아니라 완전히 복제된 상품이었다.

사망한 유명인의 사례도 다르지 않다. 달리 미술관의 〈Dali Lives〉 프로젝트는 관람객이 디지털 살바도르 달리와 대화하는 듯한 경험을 제공한다. 이 프로젝트는 달리가 1989년 남긴 "천재라면 죽을 권리가 없다. 왜냐하면, 우리는 인류의 발전에 필수적이기 때문이다"라는 문장으로 시작된다. 그의 말과 얼굴은 디지털 흔적을 조합해 만들어진 재현물로 감탄을 자아낼 만큼 재치 있게 상호작용하지만, 어디까지나 소비 가능한 형태로 포장된 복제된 상품이다.

이처럼 유명인의 재현은 살아 있을 때도, 죽음 이후에도 점점 더 상업적 목적을 중심으로 확장되고 있다. 삶과 죽음이 무관한 불멸, 소비 잠재력이 존재의 가치를 결정하는 유명인의 불멸은 우리에게 보여 주고 있다. 불멸이란 애초에 살아 있는 존재에게 허락된 개념이 아니라는 점을 말이다.

접속, 연결, 그리고 존재

우리는 흔히 "연결되어 있다"라고 말한다. 그러나 자아의 관점에서 보면 연결은 기술적 상태가 아니다. 그것은 존재의 조건에 가깝다. 사회적 자아로 존재한다는 것은 누군가와 관계 맺고 있다는 뜻이기 때문이다. 연결이 지속되는 상태가 삶이라면, 의식이 개입하지 않는 순간의 단절은 사회적 자아가 멈추는 상태에 가깝다. 말을 걸고, 반응하고, 서로를 인식하는 흐름이 끊길 때 사회적 자아 역시 작동을 멈춘다.

그렇다면 우리는 언제부터, 어떤 방식으로 연결되어 온 걸까. 인쇄 미디어의 시대는 혼자 책을 읽고, 혼자 사고하는 '개인'이 만들어 냈다. 연결은 느렸고 사고는 고립된 공간에서 이루어졌다. 전화와 PC통신은 이 개인을 다시 연결했다. 그러나 그 연결은 특정 장소와 기기 앞에서만 가능한 '접속'이었다. 정해진 공간에서만 연결이 허락되었다는 점에서 연결은 여전히 제한적이었다. 다만 PC통신은 취향과 관심사를 공유하는 사람들을 서로 이어주었다는 점에서 새로운 사회적 관계의 가능성을 열었다. 1997년 개봉한 영화 〈접속〉은 바로 그러한 만남의 감각을 상징적으로 보여 주었다. 모바일 기기의 등장은 이 조건을 바꾸었다. 연결은 장소나 기기에 묶이지 않게 되었다. 사람들은 어디에 있든, 무엇을 하든, 연결된 상태로 존재하게 되었다. 접속은 일상이 되었고, 연결은 상시적인 상태가 되었다.

오늘날 연결은 한 단계 더 나아간다. 이제 연결은 의식의 범위마저 넘보고 있다. 추천 시스템은 우리가 잠든 사이에도 우리의 취향과 행동을 학습하고, 웨어러블 기기는 심박과 움직임을 기록한다. 의식이 개입하지 않는 순간에도 연결은 중단되지 않는다. 이 경계선에 BCI (Brain-Computer Interface) 기술이 놓여있다. 뉴럴링크와 같은 시도는 인간의 신경 신호를 컴퓨터와 직접 연결하려 한다. 이는 이미 실현된 현실이라기보다 인간의 연결이 어디까지 확장될 수 있는지를 가늠하게 하는 사유의 지점에 가깝다. 잠든 순간조차 의식이 연결된 존재라는 상상은 기술적 사실이 아니다. 그것은 인간 존재가 도달할 수도 있는 하나의 가능성이다. 다시 말해, 생물학적으로 삶이 끝나는 순간까지 네트워크와 실시간으로 연결된 존재로 확장할 수 있다는 상상이다.

그러나 기술은 인간을 일방적으로 확장하지 않는다. 기술은 자아를 확장하면서 동시에 분산시키고, 강화하면서 동시에 위임하게 만든다. 이 지점에서 '가상의 사회적 자아'는 도착점이 아니라 질문으로 남는다. 그것은 우리가 어떤 방식으로 존재하고, 어떤 방식으로 관계 맺으며 살아가게 될 것인지를 다시 묻게 하는 열린 문제다. 결국, 핵심은 어떤 미래가 오는가의 진위나 그 시점이 아니다.

그 미래 속에서 우리가 어떻게 존재할 것인가에 있다.

참고문헌

김연숙(2025). “디지털 미디어 속 아바타”. 오원환 외. 《미디어담론》, 165~183쪽. 도서출판 지금.

Aouf, R. S.(2019.5.24). Museum creates deepfake Salvador Dalí to greet visitors. Dezeen. https://www.dezeen.com/2019/05/24/salvador-dali-deepfake-dali-musuem-florida/

BestMediaInfo(2021.10.25). Cadbury Celebrations reinvents 'NotJustACadburyAd' with SRK, wins hearts for promoting local businesses. https://bestmediainfo.com/2021/10/cadbury-celebrations-reinvents-notjustacadburyad-with-srk-wins-hearts-for-promoting-local-businesses

Goffman, E.(1959). *The Presentation of Self in Everyday Life.* University of Edinburgh Social Sciences Research Center. 진수미 옮김(2016). 《자아 연출의 사회학: 일상이라는 무대에서 우리는 어떻게 연기하는가》. 현암사.

Cooley, C. H.(1902). *Human nature and the social order.* Charles Scribner's Sons.

Dalí Lives.(2019). https://youtu.be/64UN-cUmQMs

McLuhan, M.(1964). *Understanding media: The extensions of man.* McGraw Hill. 김성기·이한우 옮김(2002). 《미디어의 이해: 인간의 확장》. 민음사.

#NotJustACadburyAd.(2021). https://www.ogilvy.com/work/shah-rukh-khan-my-ad

06
미디어의 확장, 기술적 존재

우리는 미디어를 사용해 왔지만,
동시에 미디어 속에서 사고하고, 판단하고,
관계 맺는 법을 배워왔다.
미디어는 정보를 전달하는 수단이 아니라
인간의 감각과 행동을 재배열하는 환경이었고,
새로운 미디어는 언제나 사회 전체의
구조를 바꾸어 왔다. 오늘날 가상세계와
AI는 이 흐름을 가속한다. 미디어는 인간의
확장에서, 인간과 관계 맺고 함께 작동하는
'존재'의 형태로 등장하고 있다.

AI와 민주주의?

사고·표현·판단의 재배열

매클루언은 "미디어는 메시지다"라고 말했다. 메시지란 미디어가 전달하는 구체적 내용이 아니다. 그것은 특정 미디어가 인간 사회에 만들어 내는 속도와 규모, 그리고 변화가 일어나는 방식 그 자체를 뜻한다. 중요한 것은 미디어가 무엇을 말하느냐가 아니라, 그 미디어가 인간의 감각과 행동을 어떻게 바꾸느냐다.

> "모든 미디어의 〈내용〉이 언제나
> 또 다른 미디어임을 의미한다"
> (McLuhan, 1964/2002: 36).

역사를 돌아보면 미디어의 기술적 속성이 사회를 어떻게 재편해 왔는지는 분명하다. 인쇄술이 개인 중심의 사고방식을 확산시켜 근대적 개인과 민족국가의 형성으로 이어졌다. 전기의 즉각성은 세계를 하나의 동시적 공간으로 재구성했다. 철도는 이동의 속도와 방향을 표준화하며 도시 구조와 산업 배치를 바꾸었고, 사진과 영화는 시간과 현실을 인식하는 감각 자체를 새롭게 만들었다. 매클루언은 이렇게 새로운 미디어가 등장할 때 이러한 변화가 더욱 증폭된다고 보았다. 서로 다른 미디어가 만나 각자의 속성이 결합하면서 전혀 새로운 의미와 감각이 만들어진다는 것이다. 그는 이 과정을 '잡종화' 또는 '이종교배'라고 불렀다.

이를 이해하기 위해 우리가 일상적으로 사용하는 GPS를 떠올려보자. '길찾기' 속성을 가진 GPS가 '이동' 속성을 가진 자동차와 결합하자 이동의 불안이 사라졌다. 그 결과 사람들은 익숙한 장소에만 머무르지 않고 어디든 갈 수 있는 이동 문화를 경험하게 되었다. 이 변화는 맛집과 핫플레이스 탐색, 복잡한 여행 동선의 설계, 숨겨진 지역 명소의 발굴로까지 이어졌다. 미디어의 결합은 인간 행동의 범위를 새롭게 열어 보인다.

디지털 환경의 확산은 이미 인간의 사회적 삶을 크게 바꿔놓았다. 사람들은 온라인에서 관계를 맺고 이미지를 통해 자신을 표현한다. 사회적 자아는 네트워크 위에서 작동하기 시작했고, 이러한 변화는 인간이 가상세계에서 '행동하는 존재'로 살아가는 감각을 미리 학습하게 했다.

이 관점에서 보면, 생성형 AI 역시 같은 흐름 위에 놓여있다. 생성형 AI의 기술적 속성은 사고와 표현 사이의 시간을 빠르게 압축한다. 인간의 사고 과정을 숙고에서 선택과 조정으로 이동한다. 이는 개인의 사고 속도를 높

이기보다는 사회 전체를 반응이 사고를 앞서는 상태로 재편하고 있다. 동시에 질문과 답변으로 이어지는 지속적인 대화 속에서 인간은 기술과 상호작용한다. 이때 기술은 관계를 맺는 주체라기보다 관계가 형성되는 것처럼 경험되도록 작동한다. 이러한 대화 가능성은 인간이 기술과 맺는 관계의 형식을 변화시키는 새로운 조건을 만들어 낸다. 또한 사회는 소수의 창작물이 축적되는 구조에서 무한히 생성 · 변형 · 순환되는 산출물의 구조로 이동하고 있다. 이 변화는 현재도 진행 중이다.

가상 인간

가상 인간은 인간이 아닌 존재이면서, 인간과의 상호작용을 전제로 설계된 기술적 존재다. 재미있는 점은 인간이 가상세계에서 활동하는 기술적 존재를 '가상 인간'이라고 호명하는 반면, 동일한 가상세계에서 활동하는 인간 자신은 '아바타'라 부른다는 사실이다(김연숙, 2025). 이러한 명명 방식은 인간이 기술을 여전히 자신을 중심으로 파악하고 있음을 보여 주며, 동시에 기술적 존재가 일정 수준의 자율성과 반응성을 획득했을 때 의인화되어 '인간'이라는 범주로 언어화된다는 점을 시사한다.

가상 인간의 출발점은 캐릭터였다. 초기 인터넷 채팅

서비스와 미니 홈피, 소셜 미디어에서 사용한 프로필 캐릭터는 온라인에서 자신을 대신하는 표식이었다. 게임 속 캐릭터는 플레이어의 조작을 통해 가상공간에서 활동하기 위한 신체였다. 이 단계에서 캐릭터는 인간의 의도를 전달하는 매개로서 주체라기보다 도구 또는 핸들에 가까웠다.

그러나 기술이 발전하면서 게임 속 NPC는 감정 표현처럼 보이는 대화와 반응, 목적 지향적으로 설계된 행동을 수행하며 가상공간 안에서 독립적으로 작동하는 것처럼 인식되기 시작했다. 이때 기술은 단순한 표현 수단을 넘어, 인간과 관계를 형성하는 대상으로 이동한다. 인간은 기술을 조작하는 행위자에 머무르지 않고, 기술의 반응을 해석하고 기대하는 위치로 이동한다.

가상 인간은 이러한 변화의 결정체다. 가상 인간은 실사에 가까운 외형과 일정한 인격 설정(나이, 성별, 성격 등), 직업과 세계관을 전제로 인간과 상호작용한다. 심지어 이들은 가상세계에 국한되지 않고 소셜 미디어, 광고, 엔터테인먼트 영역, 혼합 현실 공간 등 인간의 일상적 사회 영역으로 확장된다. 이 과정에서 인간과 가상 인간은 대화하고 반응을 통해 지속해서 사회적 관계를 형성한다.

이러한 존재 방식은 시몽동의 기술적 존재 개념과 밀접하게 연결된다. 시몽동에 따르면, 기술적 존재는 완성된 사물이 아니라 사용과 환경, 관계 속에서 개체화되는 존재다. 기술적 대상은 고정된 본질을 갖기보다 상호작용을 통해 기능과 의미가 조정되며 그 작동 방식이 진화한다. 이 관점에서 가상 인간은 미리 규정된 정체성을 가진 존재라기보다 인간과의 상호작용 속에서 지속적으로 조정되는 기술적 개체로 이해할 수 있다.

따라서 가상 인간을 인간의 확장으로만 설명하는 것은 충분하지 않다. 가상 인간은 인간의 감각과 관계 형식 자체를 재구성한다. 인간의 의도와 무관하게 발생하는 미디어 효과는 기술적 존재를 대상이 아니라 관계의 조건으로 인식하게 만들며, 인간의 경험 구조를 변화시킨다. 이러한 맥락에서 가상 인간은 인간을 모방한 시뮬라크르로 환원되기 어렵다. 가상 인간은 인간과 기술, 미디어와 미디어가 교차하는 지점에서 형성된 기술적 존재이며, 관계 속에서 개체화되며 의미를 획득한다. 이는 미디어의 확장이 인간을 향해 되돌아오는 하나의 국면을 드러낸다. 이 지점에서 가상 인간은 인간의 확장이 아니라 인간을 향해 작동하는 미디어의 확장이라고 이해될 수 있다.

미디어와 인간의 공진화

미디어가 도구였을 때, 인간은 미디어를 사용했다. 미디어가 환경이 되었을 때, 인간은 그 안에서 살아왔다. 그리고 미디어가 존재의 형태로 등장하면서 이제 인간은 기술적 존재와 함께 변화하며 공진화하는 존재가 되었다. 이러한 변화는 디지털 불멸 사례에서도 드러난다. 디지털 불멸은 죽음을 극복한 기술이 아니다. 오히려 죽음을 영원히 기념하는 기술에 가깝다. 그러나 동시에 그것은 존재의 종료 조건이 변화하고 있음을 보여 준다. 디지털 불멸은 사망자 데이터를 저장하는 데 멈추지 않기 때문이다. 질문에 반응하고 맥락에 따라 응답을 생성하는 시스템은 존재가 새로운 존재 상태로 전환되는 가능성을 보여 준다. 인간의 흔적과 관계를 매개로 삼고, 재매개된 존재로 작동한다는 점에서 그렇다.

이 흐름은 기술적 존재가 개별적 사례가 아닌 집합적 형태로 확장될 가능성을 예고한다. 최근 논의되는 AI 에이전트는 단순한 자동화 도구가 아니라 판단과 실행을 수행하도록 설계된 기술적 행위 주체다. 이들은 인간의 지시를 단순히 전달하는 존재가 아니라 목표를 해석하고, 선택을 조정하며, 환경과 상호작용한다. 이 과정에서 인간 역시 자신의 역할을 재조정하게 된다. 중요한 것은 인간을 대체하는가의 문제가 아니다. 사회적 행위의 최소 단위에 비인간 존재가 포함되기 시작했다는 점이다.

기술적 존재가 사회 구성단위로 편입되기 시작할 때, 사회는 더는 인간과 인간의 관계만으로 구성되지 않는다. 인간과 기술적 존재, 기술적 존재와 기술적 존재 사이의 상호작용이 사회적 과정의 일부가 된다. 이는 사회가 인간 중심적 집합에서 혼합된 존재들의 장으로 이동하고 있음을 의미한다.

이 지점에서 미디어는 다시 한번 자신의 미디어 효과를 드러낸다. 기술적 존재는 새로운 내용을 전달하는 데 멈추지 않는다. 인간이 존재하고 판단하며 함께 살아가는 조건 자체를 재구성한다. 가상 인간, 디지털 불멸, AI 에이전트는 각각 서로 다른 형태를 띠고 있지만, 모두 공통된 방향을 가리킨다. 기술이 인간의 확장에 머무르지 않고, 인간을 향해 작동하는 미디어의 확장 단계에 접어들었음을 보여 준다. 여기서 기술과 인간은 이제 일방적으로 영향을 주고받는 관계가 아니다. 서로의 존재 방식을 함께 만들어 가는 공진화의 관계에 놓여있다. 그러나 여전히 설계자는 인간이어야 한다.

참고문헌

김연숙(2025). "불멸과 디지털 불멸: 인간과 미디어의 관계를 중심으로". 《콘텐츠와 산업》, 7(3), 169~174쪽.

황수영(2017). 《시몽동, 개체화 이론의 이해》. 그린비.

McLuhan, M.(1964). *Understanding media: The extensions of man.* McGraw Hill. 김성기·이한우 옮김(2002). 《미디어의 이해: 인간의 확장》. 민음사.

Simondon, G.(1958). *Du mode d'existence des objets techniques.* Aubier. 김재희 옮김(2011). 《기술적 대상들의 존재 양식에 대하여》. 그린비.

07
산 자와 죽은 자, 그리고 만들어진 자의 시뮬라크르 사회

디지털 환경 속에서 산 자는
배역에 맞는 겉모습과 몸가짐을 연출하고,
죽은 자는 다시 재현되며,
만들어진 자는 처음부터 수행을 위해 존재한다.
시뮬라크르 사회는 무엇이 진짜인가를
묻지 않는다. 중요한 것은 감정이 실제로
느껴졌는지가 아니라 수행이 반복되고
관계가 유지되는가이다. 이 사회는
수행의 주체가 사라진 사회가 아니라,
인간이 유일한 행위 주체가 아닌 사회다.

AI와 애니메이션?

산 자, 디지털 자신

어빙 고프먼은 인간의 자아를 하나의 연극으로 설명했다. 인간은 일상이라는 무대 위에서 끊임없이 앞무대에 서고, 타인의 시선과 기대에 맞는 표정과 말투, 태도와 감정을 연출한다. 이때 진정성은 내면 깊숙한 곳에 이미 존재하는 본질이 아니다. 그것은 반복된 역할 수행이 사회적으로 승인될 때 비로소 발생하는 효과에 가깝다.

디지털 환경은 이러한 감정 수행을 더 빠르게, 더 정교하게 만든다. 소셜 미디어에서 인간은 자신의 일상을 기록하고 공유한다. 그 과정에서 감정은 자연스러운 반응이 아니라 관리의 대상이 된다. 기쁨과 슬픔, 연대와 분노는 즉각적으로 게시되고, '좋아요'와 댓글, 공유를 통해 다시 조정된다. 무엇이 적절한 감정인지, 어떤 반응이 정상적인지는 이 반복 속에서 학습된다.

이 과정에서 인간은 감정을 느끼는 존재인 동시에 감정을 보여 주는 존재가 된다. 그러나 여기까지는 여전히 인간의 이야기다. 여전히 감정 수행의 주체는 인간 자신이다. 인간은 자신이 연기하고 있음을 인식하며, 때로는 진실한 연기와 냉소적 연기 사이를 오간다. 즉, 인간의 자아는 완전히 자동화되지 않는다. 역할 수행에는 여전히 망설임이 남아 있고, 피로가 쌓이며, 역할과 감정 사이에는 균열과 불완전성이 드러난다. 이 불완전성은 인간이 아직 살아 있다는 가장 분명한 징후다.

죽은 자, 디지털 불멸

디지털 불멸은 역할 수행의 조건 자체를 바꾼다. 여기서 수행은 살아 있는 주체의 선택이 아니다. 사망자의 데이터로 구성된 디지털 존재는 감정을 느끼지 않는다. 그러나 감정을 수행한다. 질문에 응답하고 관계의 맥락을 기억하며 과거의 태도를 일관되게 재현한다. 죽음은 수행의 끝이 아니라 수행의 주체가 인간에서 기술적 시스템으로 전환되는 지점이다.

이러한 변화는 이미 현실에서 구체적으로 나타나고 있다. 70여 년 전 세상을 떠난 배우 제임스 딘은 영화 〈파인딩 잭〉에 캐스팅되었다. 이것은 추모 영상의 재생이나 과거 기록의 반복이 아니다. 디지털 제임스 딘은 새로운 서사 속에서 현재형으로 연기하는 존재로 호출된 것이다. 물론 그의 감정과 태도는 계산되고 조합된 결과다. 그러나 관객은 그 인위성을 인식하면서도 서사에 몰입한다.

이때 디지털 불멸의 수행은 인간의 역할 수행과 분명히 구별된다. 흔들리지 않고 피로하지 않으며 감정의 균

열이 발생하지 않는다. 앞무대와 뒷무대의 긴장은 사라지고 수행은 하나의 표면으로 고정된다. 감정은 내면의 반응이 아닌 시스템적으로 안정화된 패턴으로 작동하기 때문이다. 디지털 불멸은 침묵하지 않고, 언제든 응답 가능하며, 항상 예측 가능한 동일한 태도로 호출된다.

그런 점에서 디지털 불멸은 기억의 보존이 아닌 죽은 이를 닮은 새로운 존재와 관계의 지속이다. 남겨진 자는 기억 속에서 죽은 이를 떠올리는 대신, 질문을 던지고 답변을 받으며 반응을 기대할 수 있다. 여기서 죽은 자는 실재하지 않지만, 그 역할 수행은 오히려 살아 있을 때보다 더 안정적으로 작동한다.

만들어진 자, 가상 인간

가상 인간은 처음부터 특정 역할 수행을 위해 만들어진 존재다. 다시 말해 가상 인간에게 역할 수행은 선택이 아니라 존재 조건 그 자체다. 버추얼 인플루언서로 활동 중인 릴 미켈라를 살펴보자. 릴 미켈라는 실제 인간이 아니다. 그러나 소셜 미디어에서 인간처럼 감정을 표현하고, 정치적 견해를 밝히며, 연애와 갈등을 경험하는 서사를 지속적으로 반복해 왔다.

고프먼이 말했듯이 사회적 자아는 타인의 신뢰를 얻

기 위해서 외모와 말투, 태도와 감정 등으로 구성된 앞무대를 반복적으로 연출하는 과정에서 형성된다. 주디스 버틀러가 말한 젠더가 규범의 틀 안에서 반복되는 행위의 효과인 것처럼, 릴 미켈라의 감정 수행 역시 사회적으로 요구되는 양식을 반복함으로써 정체성과 정상성의 효과를 만들어 낸다.

릴 미켈라는 감정을 느끼기 때문에 인간처럼 보이는 것이 아니라 '인간다움'이라는 규범을 지속해서 수행하기 때문에 사회적 주체로 인식된다. 여기서 정체성은 출발점이 아니다. 반복의 결과다.

릴 미켈라의 수행에서 특히 중요한 점은 진정성이 내면에서 나오지 않는다는 사실이다. 그녀의 감정은 '느꼈는가'가 아니라 '일관되게 수행되는가'에 의해 신뢰를 얻는다. 가상 인간은 감정을 갖지 않는다. 그러나 감정 수행의 규칙을 완벽하게 따른다. 감정의 과잉이나 침묵도 없으며, 앞무대와 뒷무대의 분열 없이 감정 수행이 끊임없이 이어진다.

디지털 불멸이 과거의 인간을 현재로 호출하는 수행이라면 가상 인간은 애초에 과거가 없는 존재다. 이들은 기억을 복원하지 않는다. 대신 세계관을 축적한다. 수행은 재현이 아니라 축적과 갱신의 과정이며, 관계 역시 반복되는 상호작용 속에서 형성된다. 다만 중요한 차이는 있다. 인간의 관계가 피로와 망설임, 단절의 가능성을 내포하는 반복이라면, 가상 인간의 관계는 중단되지 않도록 설계된 반복이다.

이 지점에서 가상 인간은 보드리야르가 말한 시뮬라크르의 단계로 이동한다. 릴 미켈라의 감정은 어떤 원본의 감정을 재현하지 않는다. 감정이 사회적으로 작동하는 패턴 자체를 복제한다. "원본이 없는 이미지가 그 자체로서 현실을 대체"(Baudrillard, 1981/1992: 9)하고, 인간과 가상 인간은 "오히려 현실보다 더 현실적인"(앞의 책: 9) 사회적 관계를 맺는다. 여기서 감정의 진정성 여부는 중요하지 않다. 이러한 반복의 일관성 자체가 가상 인간을 사회적 관계의 유효한 행위자로 만든다. 이 의미에서 가상 인간은 '인간을 닮은 존재'가 아니라 인간다움이 어떻게 수행되는지를 가장 노골적으로 드러내는 기술적 존재다.

시뮬라크르 사회

산 자, 죽은 자, 만들어진 자의 역할 수행은 서로 다른 조건에서 출발한다. 그러나 이들은 하나의 공통된 지점으로 수렴한다. 바로 사회가 요구하는 규범에 맞추어 역할 수행을 한다는 점이다. 감정을 느끼지 못하는 기술적 존재도 감정을 표현할 수 있고, 의식이 없어도 반응을 생성할 수 있다. 그렇다면, 시뮬라크르 사회를 구성하는 것은 수행의 주체가 아니라 수행의 지속 여부가 된다. 우리는 그 수행이 계산된 것임을 알면서도 반복되고, 예측 가능하다는 이유만으로 신뢰하게 된다. 사회적 실재는 수행의 주체가 아니라 수행의 지속 여부로 형성되기 때문이다.

그러나 모든 수행이 동일한 조건에서 유지되는 것은 아니다. 어떤 수행은 플랫폼과 자본, 기술 인프라의 지원을 받는 반면, 어떤 수행은 쉽게 중단되고 소멸되기도 한다. 시뮬라크르 사회는 평평한 무대가 아니라, 수행이 유지될 수 있는 조건이 구조적으로 배분된 사회다.

이러한 맥락에서 산 자, 죽은 자, 만들어진 자가 혼합된 시뮬라크르 사회는 원본이 사라진 사회다. 여기서 원본이란 살아 있는 인간만이 유일한 행위 주체였던 질서를 가리킨다. 수행은 계속되지만, 의미는 반복 속에서 생성된다. 이는 수행의 주체가 사라진 사회가 아니라, 인간이 더는 유일한 행위 주체가 아닌 사회다. 인간은 여전히 수행한다. 그러나 그 수행은 특권적이지 않다. 살아 있는 인간, 디지털 불멸, 그리고 가상 인간이 동일한

장 위에 나란히 놓인다.

시뮬라크르 사회에서 중요한 것은 존재의 진위가 아니다. 관계가 얼마나 지속 가능한가다. 그리고 우리는 산 자, 죽은 자, 만들어진 자가 공존하는 새로운 시뮬라크르 사회의 문턱에 서 있다.

참고문헌

김연숙(2025). “버추얼 인플루언서 릴 미켈라의 감정 수행 연구”. 《인문콘텐츠》, 79, 63~82쪽.

Baudrillard, J.(1981). *Simulacres et Simulation*. Editions Galilee. 하태환 옮김(1992). 《시뮬라시옹: 포스트모던 사회문화론》. 민음사.

Goffman, E.(1956). *The Presentation of Self in Everyday Life*. University of Edinburgh Social Sciences Research Center. 진수미 옮김(2016). 《자아 연출의 사회학: 일상이라는 무대에서 우리는 어떻게 연기하는가》. 현암사.

08
기술적 존재와 의인화 심리

인간은 세계를 이해하기 위해
인간이 아닌 것들에 감정과 의도를 부여해 왔다.
기술이 아무리 발전하여도
이 습관은 사라지지 않았다.
인간은 의인화된 대상에게는 인간과 같은
기준을 적용하고, 성격과 역할을 투영하며,
인간 사회의 규칙으로 관계를 맺는다.
디지털 불멸과 가상 인간 역시 마찬가지다.
우리는 그것이 인간이 아님을 알면서도,
인간처럼 말하고 행동하는 존재를 인간처럼
대한다. 그리고 다시 관계를 만든다.

AI와 인재 채용?

의인화

의인화는 인간이 세계를 이해하는 가장 오래된 방식 중 하나다. 인간은 오래전부터 인간이 아닌 것들에게 말을 걸어왔다. 비가 오지 않으면 하늘이 화가 났다고 말했고, 농사가 잘 되면 땅이 너그럽다고 여겼다. 갑작스러운 병이나 사고 앞에서는 운명이 잔인하다고 표현했다. 여우와 곰, 호랑이 역시 인간의 말을 하고 인간의 감정을 가진 존재로 이야기 속에 등장했다. 그래서 아주 먼 옛날이야기는 늘 "호랑이가 담배 피우던 시절"로 시작되었다. 대상이 무엇이든 인간은 상황을 이해할 때 감정과 태도를 먼저 호출한다.

의인화는 인간의 본능에 가깝다. 세계는 너무 크고 너무 불확실하기 때문이다. 인간은 스스로 이해할 수 없는 세상을 그대로 두기보다 인간적인 이야기로 바꾸어 받아들이는 쪽을 선택해 왔다. 의인화는 세계를 단순하게 만들고 예측할 수 있게 한다. 그리고 무엇보다 의인화를 통해 관계 맺을 수 있는 대상으로 바꾼다. 그러나 이러한 경향은 오래전부터 경계의 대상이기도 했다. 베이컨은 "목적과 의도는 인간에게만 있는 것이지, 자연에는 본래 그런 것이 없다"라고 말하며 의인화를 경계하였다. 대부분 평론가 역시, 의인화가 세상을 더 잘 이해하는 데 방해가 된다고 말했다. 그런데도 의인화는 사라지지 않았다. 오히려 지속적이며 실제로 보편적인 현상이다(Guthrie, 1997: 50). 그리고 새로운 기술이 등장할 때마다 새로운 형태로 되살아난다. 말하고, 반응하며, 감정을 흉내 내는 미디어 앞에서 인간은 다시 의인화를 시작한다. 의인화가 환상임을 알면서도, 인간은 여전히 본능적으로 목적과 의도를 부여한다.

컴퓨터는 사회적 행위자다(CASA)

초기의 컴퓨터는 느렸고 자주 멈췄다. 처리 속도가 느려지면 사람들은 성능을 분석하기보다 "컴퓨터가 오늘따라 힘들어하네", "왜 이리 버벅대지?"라고 말하곤 했다. 사람들은 컴퓨터의 상태를 기술적 오류로 보지 않고 마치 인간의 태도나 컨디션처럼 해석하고 있었다.

클리포드 나스 등(Nass et al., 1994)에 따르면, 사람들은 컴퓨터가 사회적 규범을 따르는 방식으로 설계될 경우, 무의식적으로 인간과 같은 기준을 적용한다. 이 현상을 그들은 CASA 즉, "컴퓨터는 사회적 행위자다(Computers Are Social Actors)"라고 불렀다.

연구 결과는 다음과 같다.

예의 바르고 친절한 표현을 사용하는 컴퓨터는 명령

형 언어를 사용하는 컴퓨터보다 더 유능하고 신뢰할 만하다고 평가되었다. 음성의 말투와 억양, 성별은 사용자가 알고 있는 인간의 이미지와 쉽게 연결되었고, 그 결과 자신이나 주변 사람을 떠올리게 했다. 사람들은 "이건 기계의 목소리일 뿐이야"라고 말하면서도, 실제로는 그 목소리에 자신이 아는 인간의 성격과 역할을 투영하고 있었다. 컴퓨터는 정체성을 갖지 않지만, 인간은 컴퓨터에 정체성을 덧입힌 것이다.

평가 상황에서도 인간 사회의 규칙은 그대로 적용되었다. 실험 참가자들은 컴퓨터로부터 칭찬과 비판을 받았다. 그런데 칭찬은 내 컴퓨터가 아닌 다른 컴퓨터의 목소리로 전달될 때 더 기분 좋게 받아들여졌고, 반대로 비판은 내 컴퓨터가 전달할 때 덜 공격적으로 느껴졌다. 이는 타인의 칭찬을 더 의미 있게 받아들이고, 자기 자신과 동일시한 존재의 비판을 내적 피드백처럼 해석하는 인간 사회의 규칙과 다르지 않다.

또 다른 사례도 있다. 컴퓨터에 성별이 부여되었을 때, 남성 음성을 가진 컴퓨터는 기술적 문제에 더 적합하다고 평가되고, 여성 음성을 가진 컴퓨터는 상담이나 안내 역할에 더 어울린다고 인식되었다. 이는 컴퓨터의 실제 기능과 무관한 데도 말이다. 인간 사회에 존재하는 성별 고정관념이 그대로 기술에 투사된 결과였다.

이 연구가 강조한 핵심은 사람들이 컴퓨터를 사람이라고 착각했기 때문이 아니라, 컴퓨터라는 이해하기 어려운 기술적 대상을 다루는 과정에서 무의식적으로 그것을 의인화하고, 사회적 규칙을 적용하게 되었다는 점이다.

이러한 결과를 종합하면, 사람들은 컴퓨터를 단순히 도구로 대하지 않고 예의를 기대하며 태도를 평가하고 호의와 무례를 구분하고 신뢰하거나 실망하는 등 사회적 관계의 규칙이 적용되는 대상으로 상호작용하기 시작한다는 것이다.

디지털 불멸과 가상 인간

제임스 딘, 마릴린 먼로, 마이클 잭슨 등 유명 스타뿐 아니라 유대인 홀로코스트 생존자들의 '증언의 차원', 광복 80주년을 기념하여 미소 짓는 독립운동가 다섯 명의 모습에 이르기까지, 이미 세상을 떠난 인물들이 AI 기술을 통해 다시 등장한다. 할리우드 배우와 팝스타, 예술가와 정치인, 그리고 역사적 증언의 주인공들까지 그 대상은 점점 넓어지고 있다. 그들은 영화 속에서 활동하고, 광고 속에서 미소 짓고, 무대 위에서 노래한다. 전시관에서 말을 걸고, 교육 콘텐츠와 기념 영상 속에서 다시 살아 움직인다.

음성 합성, 딥페이크 영상, 3D 아바타 기술은 이들을 마치 살아 있는 것처럼 보이게 만든다. 언론과 광고는 '무대에 다시 선', '새 영화에 캐스팅된'이라는 표현을 자연스럽게 사용한다. 우리는 디지털 불멸이 인간이 아님을 알면서도, 인간처럼 말하고, 행동하는 존재를 인간처럼 대한다. 이는 디지털 불멸이 단순한 기록이나 데이터 흔적이 아닌 하나의 사회적 존재처럼 받아들여지고 있음을 보여 준다.

디지털 불멸을 대하는 우리의 태도는 이 모순을 선명하게 드러낸다. 우리는 그것이 인간의 삶이 연장된 것이 아님을 알면서도 감정적으로 반응하고 관계를 맺는다. 기술적 존재임을 인식하면서도 인간성과 생명성을 투영한다. 그래서 디지털 불멸은 새로운 형태의 인간, 혹은 가상 사피엔스처럼 인식되기도 한다.

그러나 이 지점에서 많은 사람이 불편함을 느낀다. 그 불편함은 새로운 기술이 낯설어서가 아니다. 진짜처럼 행동하는 존재, 그리고 죽음마저 상품이 되는 상황에 대한 거부감 때문이다. 그러나 우리는 알고 있다. 이 디지털 존재들을 단지 기술로만 대하지 않는다는 사실을 말이다. 디지털 불멸을 둘러싼 환상과 논란은 인간이 의인화를 멈추지 못하는 오래된 인지 습관에서부터 출발한다. 이 경우 의인화는 죽음의 종결성을 흐리고, 존재의 경계를 혼동하게 만든다. 반면 가상 인간의 의인화는 중단되어야 할 오류가 아니라 관계를 가능하게 하는 전제 조건이다. 따라서 문제는 의인화 자체가 아니라 인간이 의식하지 못한 채 '본능적'으로 인간과 기술적 존재에 동일한 존재론적 지위를 부여하는 데 있다.

그리고 우리는 이 존재들을 관계의 대상으로 대하면서도 동시에 상품으로 소비한다는 점을 간과하기 쉽다. 디지털 불멸과 가상 인간은 하나의 존재로 인식되는 순간부터 곧바로 유통의 대상이 된다. 그 결과 우리는 이 존재들을 인간처럼 대하면서도 소비 가능한 대상으로 자연스럽게 병치시키는 이중적 태도를 갖는다.

참고문헌

김연숙(2025). "불멸과 디지털 불멸: 인간과 미디어의 관계를 중심으로". 《콘텐츠와 산업》, 7(3), 169~174쪽.

Epley, N. et al.(2007). On Seeing Human: A Three-Factor Theory of Anthropomorphism. *Psychological Review. 114*(4), pp.864~886.

Guthrie, S. E.(1997). Anthropomorphism: A definition and a

theory. In Mitchell, R. W. et al.(eds.). *Anthropomorphism, anecdotes, and animals*, pp.50～58). State University of New York Press.

Nass, C. et al.(1994). Computer are social actors. *Proceedings of Conference on Human Factors in Computing Systems*, pp.24～28.

USCShoahFoundation(2023). What is Dimensions in Testimony?. https://sfi.usc.edu/dit

09
불멸의 산업, 새로운 시장

불멸은 상상의 영역을 벗어나 산업의 언어로 번역되고 있다. 어떻게 존재를 지속시킬 것인가에 대한 기술적 · 경제적 선택은 상실을 관리하고, 이별을 유예하며, 애도를 서비스로 전환한다. 그리고 유명인의 불멸 역시 IP와 권리, 수익의 문제로 다뤄진다.
반면 가상 인간은 기억의 주체가 없고, 출생이 곧 출시이며, 정체성이 곧 IP다. 인격은 기능과 설정의 집합으로 설계된 상품 그 자체로 존재한다.

AI와 기자?

추모 산업

추모 산업은 사망자의 디지털 흔적을 기반으로 사후에도 상호작용 가능한 존재를 만들어 내는 산업이다. 이 시장의 핵심 상품은 흔히 '데드봇(Deadbot)' 또는 '그리프봇(Griefbot)'으로 불리는 서비스다. 생전의 문자와 음성, 영상과 SNS 기록 같은 데이터가 학습 재료가 된다. 그렇게 만들어진 존재는 고인의 말투를 닮고, 사고방식을 흉내 내며, 익숙한 반응을 돌려준다. 디지털 산업은 죽음을 종결로 두지 않고, 관계의 형식이 바뀌는 사건으로 다시 정의하여 상품화한다.

이런 변화를 또렷하게 그린 영화 〈원더랜드〉가 있다. 영화는 사망했거나 의식 불능 상태에 놓인 인물을 AI로 복원해 살아 있는 가족이나 연인이 가상공간에서 다시 대화할 수 있도록 하는 서비스를 중심 설정으로 삼는다. 이 기술을 통해 이미 현실에서는 사라진 존재와 관계를 이어간다. 살아 있지 않지만 그렇다고 완전히 떠난 것도 아닌 상태를 만든다. 영화가 흥미로운 이유는 데드봇 기술을 막연한 SF 장치로 소비하지 않기 때문이다. 영화 속 AI 사후 소통 서비스는 꽤 구체적이다. 개인 맞춤형 데이터 학습이 이루어지고, 이용에는 비용이 들며, 감정적으로 버거운 대화를 기술이 대신 수행한다. 이 설정은 현실의 추모 산업 스타트업들이 구상하는 비즈니스 모델과 놀라울 정도로 닮았다. 대중문화는 이 시장이 먼 미래의 상상이 아니라 이미 선택 가능한 옵션으로 다가오고 있음을 보여 준다.

현실의 서비스를 살펴보자. 추모를 대화 경험으로 바꾼 히어에프터(HereAfter) AI는 생전에 고인이 남긴 영상과 음성을 바탕으로 사후에 가족이 질문을 던지면 고인의 모습으로 답변하는 AI 인터페이스를 제공한다. 이는 추모를 즉흥적이고 조용한 기억 회상이 아니라 실제로 말을 건네고 응답을 받는 대화의 경험으로 전환하는 사례다.

또 다른 형태로 기억을 질문 구조로 고정한 스토리파일(StoryFile)이 있다. 생전에 수백 개의 질문에 답하는 영상을 녹화해 두고, 사후에 사용자가 질문을 던지면 그에 맞는 답변 영상이 재생되는 방식의 서비스를 제공한다. 실시간 생성 AI는 아니지만, 질문과 응답이 맞물리며 마치 영상 통화를 하는 듯한 경험을 만든다. 이 서비스는 추모를 다시 얼굴을 마주하고 말을 건네는 만남에 가깝게 만든다. 이러한 흐름이 가장 일상적인 형태로 확장된 사례가 음성 비서 플랫폼 알렉사(Alexa)다. 아마존은 짧은 음성 샘플로 사망한 가족의 목소리를 재현해 알렉사가 대신 말할 수 있는 기술을 공개적으로 시연했다. 별도의 추모 서비스가 아니라, 이미 수억 대가 보급된 음성 비서 플랫폼 위에 구현된다는 점에서 더 일상적이다. 데드봇을 특별한 공간에 접속해야 만나는 존재가 아니라 거실과 침실에서 일상적으로 말을 거는 대상으로 소비하게 된 것이다.

최근 주목받는 피지컬 AI는 이러한 사후 대화 기술을 가상공간에 머무르게 하지 않고, 물리적 신체를 가진 존재로 확장할 가능성을 연다. 만약 고인의 목소리와 말투, 성격과 습관이 로봇 신체에 탑재된다면, 추모는 더 이상 접속의 경험이 아니라 함께 생활하는 경험이 된다. 이는 기억을 호출하는 기술에서 관계를 지속시키는 환경으로의 이동을 의미한다. 이 경우 데드봇은 대화 상대를 넘어 공간을 점유하는 존재가 된다. 말을 걸지 않아도 곁에 있고, 사용자의 일상에 반복적으로 개입할 수 있다.

추모 상품은 얼마나 준비할 것인가, 얼마나 닮게 할 것인가, 그리고 얼마나 일상 속으로 들여놓을 것인가로 점점 더 개인적인 선택이자 동시에 점점 더 평범한 일상화 기술이 되어가고 있다. 동시에 애도의 문제는 기술적 가능성의 영역에서 윤리적 종료 조건의 문제를 다시 생각하게 한다.

유명인의 불멸 상품

추모 산업이 개인의 관계를 대상으로 성장하는 동안, 또 다른 시장도 빠르게 모습을 드러냈다. 유명인의 불멸 상품이다. 이 시장에서는 불멸이 가족의 사적 경험이 아니라 공통의 문화 자산이자 경제적 상품으로 전환된다.

최근 미디어를 통해 논란이 된 사례는 유명인의 이름과 이미지로 만들어진 AI 챗봇들이다. 메타에서 제공한 AI 스튜디오로 팝스타 테일러 스위프트, 스칼렛 요한슨, 앤 해서웨이, 셀레나 고메즈 등 여러 배우와 연예인의 이름과 사진을 무단으로 활용한 AI 챗봇들이 생성되어 광범위하게 사용되었다가 삭제된 일이 있었다(Horwitz, 2025). 이들 챗봇은 실제 인물이라고 주장하고 대화하며, 때로는 과도하거나 부적절한 응답을 보이기도 했다. 유명인의 퍼블릭 이미지를 기반으로 한 AI 챗봇 생성은 초상권과 데이터 통제 문제, 그리고 팬과 대중이 "유명인과 상호작용할 수 있다"라는 기대와 현실 사이의 간극을 드러냈다.

이 같은 사건은 기술의 힘이 유명인의 존재를 얼마나 가깝게, 그리고 빠르게 재현할 수 있는지를 보여 준다. 그러나 동시에 무단 사용과 이용자의 오용 가능성 같은 법적 · 윤리적 리스크도 명확히 드러냈다. 유명인은 단순한 정보의 집합이 아니라 권리·이미지·망상적 기대가 교차하는 복합적 자산이기 때문이다.

그렇다면 공식적으로 관리되는 유명인 불멸 상품은 어떤 모습일까. 이미 여러 시장에서는 고인이 된 유명인의 디지털 복제와 관련한 상업적 모델이 등장하고 있다. 과거의 목소리나 영상 기록을 AI가 학습해 새로운 콘텐츠에 활용하거나, 가상 공연·광고 출연 같은 방식으로 사후에도 지속적인 수익을 창출하는 사례가 늘고 있다. 이러한 상황은 유명인의 생전 IP(지식재산권)가 사망 이후에도 활동 가능한 자산으로 확장되는 흐름을 보여 준다.

한편에서는 예술·엔터테인먼트 장르에서 활약하고, 다른 한편에서는 브랜드와 상품이 유명인의 디지털 페르소나를 활용하여 소비자와 상호작용을 이어간다. 예컨대 이미 사망한 유명인이 실제 브랜드 캠페인에 등장하고, 음성·이미지가 디지털 콘텐츠 속에서 재구성되는 등 실제 인간과 기술적 존재의 경계가 점차 모호해지고 있다.

유명인의 시장은 과거 흔적을 되살리는 데 그치지 않는다. 살아 있는 동안 구축된 브랜드 가치와 정체성을 디지털화하여 사후에도 활동하게 만드는 산업이다. 따라서 유명인의 불멸은 계약과 권리, 수익의 문제로 재정의

된다. 유명인 자신이나 소속사, 유족은 데이터를 기반으로 한 새로운 상품을 기획하고 관리하며 이를 통해 팬과 소비자를 계속 연결한다.

이 과정에서 중요한 점은 유명인의 불멸이 하나의 인격이 아니라 여러 권리가 결합된 묶음으로 관리된다는 사실이다. 여기에는 얼굴과 이름, 목소리와 이미지에 대한 권리가 계약과 플랫폼 약관에 함께 얽혀 있다. 실제로 사후 재현의 범위를 결정하는 힘은 종종 윤리적 판단이 아니라, 어떤 권리가 누구에게 귀속되어 있는가에 따라 행사된다.

따라서 유명인의 불멸은 기억의 연장이기보다 정체성의 자산화에 가깝다. 사망 이후에도 유명인은 브랜드로서 활동하며, 계약과 권리 구조 속에서 재배치된다. 이때 불멸은 삶의 연속이 아니라 데이터와 권리를 기반으로 지속되도록 설계된 상태를 의미한다. 유명인의 불멸이 계약과 권리, 수익의 문제로 재정의되는 이유가 여기에 있다.

가상 인간의 불멸 상품

추모와 유명인 산업을 지나오면, 불멸의 방향은 미묘하게 바뀐다. 이제 "어떻게 인간을 남길 것인가"가 아니라

"굳이 인간이어야 할까?"로 이동한다. 이 질문에 답하는 것이 가상 인간의 불멸 산업이다. 가상 인간은 누군가의 죽음을 전제로 하는 것이 아닌 애초에 시작부터 죽지 않도록 설계된 존재다. 나이 들지 않고, 병들지 않으며, 사망이라는 사건을 겪지 않는다. 필요하다면 수정되고 업데이트되고 다시 배치된다. 가상 인간에게 불멸은 도달해야 할 목표가 아니라 기본 조건이다.

가상 인간은 현실에서 활동하고 있다. 가상 인플루언서는 SNS에서 팬을 모으고, 패션 브랜드와 협업하고, 음악을 발표한다. 직업에 맞는 인격과 나이가 설정되고, 역할에 맞는 감정을 수행하며 정체성과 인기를 획득한다. 이들은 인간 유명인처럼 활동하지만, 노화나 사망이라는 리스크를 갖지 않는다. 기업과 공공기관에서는 상담과 안내를 맡는 가상 직원이 배치되고, 교육과 서비스 현장에서도 가상 인간의 활용은 점점 일상화되고 있다. 최근에 등장한 피지컬 AI는 아직 제한적이지만, 장차 가상 인간이 안내 데스크에 서거나 시설을 순회하는 등 인간과 같은 공간을 공유할 가능성을 보여 준다.

추모 시장은 인간의 상실을 출발점으로 삼았고, 유명인 시장은 인간을 자산으로 연장했다. 그리고 가상 인간 시장에서는 처음부터 역할이 부여된다.

불멸을 오래전부터 꿈꿔온 것은 인간이었지만, 그 불멸을 가장 자연스럽게 구현하고 있는 것은 인간이 아닌 존재들이다. 디지털 불멸이 계속 진화할 경우 인간은 안드로이드 몸을 가진 불멸을 다시 상상하게 될지도 모른다. 어쨌든 불멸 산업은 인간의 욕망에서 출발해 인간이 아닌 존재로 확장되고 있다. 우리는 정말 불멸을 원하는 것일까, 아니면 사라지지 않는 무언가를 곁에 두고 싶은 것일까.

참고문헌

김연숙(2025). “불멸과 디지털 불멸: 인간과 미디어의 관계를 중심으로”. 《콘텐츠와 산업》, 7(3), 169~174쪽.

Horwitz, J.(2025.8.30). Exclusive: Meta created flirty chatbots of Taylor Swift, other celebrities without permission. Reuters. https://www.reuters.com/business/meta-created-flirty-chatbots-taylor-swift-other-celebrities-without-permission-2025-08-29/

Jacobsen, M. H.(2017). *Postmortal Society: Towards a Sociology of Immortality*. Routledge.

10
사후 존재의 권리와 애도의 윤리

디지털 불멸의 재현은 반드시 동의를 전제로 하진 않는다. 사후에는 프라이버시와 정체성을 보호할 법적 장치도 희미해진다. 추모는 곧 산업이 되고, 기억은 시장 논리에 따라 재구성된다. 다시 만날 수 있다는 가능성은 위로가 될 수도 있지만, 동시에 떠나보내야 할 권리를 침식한다.

디지털 불멸은 우리에게 묻는다.

죽은 뒤에도 인간은 자신의 정체성 주체로 남을 수 있는가?

AI와 미래 의사?

동의와 프라이버시

사후 재현의 문제는 찬반의 문제가 아니라, 선택할 수 있는 장치의 부재에서 발생한다. 디지털 불멸은 사망한 사람의 목소리와 얼굴, 말투와 기억을 다시 불러오는 기술이다. 문제는 이 재현이 반드시 당사자의 동의를 전제로 하지 않는다는 점이다. 생전에 아무 말도 남기지 않았더라도, 데이터만 충분하다면 사후 재현은 가능하다.

법학자 하네만은 이를 '죽을 권리', 즉 사후 통제권이 법적으로 부재한 상태라고 설명한다. 살아 있을 때는 개인정보 보호가 강력하게 작동하지만, 사망과 동시에 그 보호 장치는 거의 사라진다는 것이다. 법은 죽음을 개인 권리의 종결로 취급해 왔고, 디지털 부활을 전제로 한 사후의 존재 방식까지 상정하지 않았기 때문이다.

특히 사후 데이터는 누구의 것도 아닌 상태에 놓인다. 하르빈야 등은 이를 '고아화된 개인정보'라고 부른다. 사진, 음성, 메시지, SNS 기록은 물리적 유품과 달리 쉽게 복제되고 확산된다. 그 결과 생전에는 개인 스스로 결정하던 정체성과 표현이 사후에는 플랫폼, 유족, 기업, 국가 혹은 제3자의 판단에 의해 재구성된다.

실증 연구 또한 이 간극을 확인한다. 영국 성인 1766명을 대상으로 한 조사에서 다수의 응답자가 "사후에도 내 디지털 정보는 내가 통제하고 싶다"라고 답했다. 그러나 실제로 디지털 유산 관리인이나 비활성 계정 관리 기능을 설정한 사람은 극히 적었다. 이를 '사후 프라이버시의 역설'이라고 부른다. 의사는 분명하지만, 이를 제도적으로 실현할 수 있는 장치와 실천 사이에는 큰 간극이 존재한다는 것이다.

이러한 상황에서 사후 동의 문제는 단순히 유족이 대신 결정할 수 있는가의 문제가 아니다. 그것은 개인이 사망 이후에도 프라이버시와 정체성의 주체로 존속할 수 있느냐는 더욱 근본적 질문으로 이어진다. 문제의 핵심은 사후 재현을 허용할 것인가를 둘러싼 찬반이 아니라, 개인이 생전에 자신의 데이터 사용을 선택할 수 있는 장치가 부재하다는 데 있다. 디지털 불멸을 둘러싼 동의 문제는 결국 디지털 유언장의 필요성으로 귀결된다.

산업화와 왜곡

디지털 불멸은 기억을 보존하는 기술이 아니라, 정체성을 다시 쓰는 산업이 될 수 있다. 사후 디지털 존재는 추모의 수단이 될 수 있지만, 동시에 상업화의 대상이 되기 쉽다. 하네만은 디지털 부활 기술이 특히 유명인 재현 산업에서 빠르게 확산되고 있는데, 이 과정에서 퍼블리시

티권, 지식재산권, 사후 인격권이 충돌한다고 지적한다.

문제는 단순한 무단 사용보다 왜곡된 인격의 생산이다. AI는 남아 있는 데이터를 바탕으로 말투와 성향을 확률적으로 조합한다. 이는 실제 생전의 맥락 · 가치 · 침묵까지 반영하지 못한다. 그것은 '그 사람이 할 법한 말'이지 실제 그 사람이 선택한 말은 아니다. 세이빈-베이든 등은 이를 "기억의 보존이 아니라 정체성의 재구성"이라고 비판한다. 디지털 불멸은 과거를 지키는 기술처럼 보이지만, 실제로는 현재의 기준과 시장 논리에 맞게 사람을 다시 쓰는 과정일 수 있다는 것이다.

이 문제를 더 복잡하게 만드는 것이 디지털 자산의 법적 지위다. 디지털 자산은 재산이자 계약이며, 동시에 개인정보이자 지식재산이라는 혼합 영역에 놓여 있다. 명확한 규범이 없으므로 기업에는 활용의 여지가 커지고 당사자에게는 통제 불가능성이 커진다. 그 결과 사후 재현은 추모를 표방하면서도 당사자가 원치 않았을 발화와 태도, 이미지를 '그 사람인 것처럼' 유통하게 될 위험을 안고 있다. 이는 단순한 기억의 왜곡을 넘어 사후 인격에 대한 새로운 형태의 침해로 이어질 수 있다. 따라서 디지털 불멸에는 그것이 인간의 연속이 아니라 기술적 재현임을 분명히 드러내는 표기와 이러한 혼동을 최소화하도록 설계된 인터페이스 윤리가 요구된다.

펫 세마터리 딜레마

다시 만날 수 있다는 가능성은 애도를 돕기보다 애도를 멈추게 만들 수 있다. 디지털 불멸이 제기하는 가장 근본적인 윤리 문제는 이른바 '펫 세마터리 딜레마'다. 스티븐 킹의 소설 《애완동물 공동묘지》는 인간이 죽음을 받아들이지 못할 때 어떤 선택을 하게 되는지를 보여 준다. 이야기의 핵심은 단순하다. 죽은 존재를 다시 살릴 수 있는 장소가 있다면, 우리는 그 유혹을 뿌리칠 수 있을까? 라는 질문이다. 소설 속에서 주인공 루이스는 사랑하는 고양이 처치, 아들, 그리고 아내의 죽음을 마주하고 "되살릴 수 있다"라는 가능성 앞에서 이성을 잃는다. 그러나 다시 돌아온 존재는 외형만 닮았을 뿐, 같은 존재가 아닌 악령이었다.

이 소설이 던지는 가장 중요한 메시지는 죽은 자를 다시 만나는 것이 상실을 치유하지 않는다는 것이다. 오히려 상실을 끝내지 못하게 만들고 슬픔을 연장하며 관계를 왜곡한다. 그래서 "때로는 죽는 것이 더 낫다는 것을 깨달아야 하기 때문에 그랬던 것 같아"(King, 1983/2006: 253)라고 고백한다. 이는 죽음이 비극이기 때문이 아니라 죽음을 부정하는 선택이 더 큰 비극을 낳기 때문이다.

헛슨과 라티칸은 이 서사를 빌려 디지털 기술이 만들어 내는 윤리적 긴장을 '펫 세마터리 딜레마'라고 명명했다. 다시 만날 수 있다는 기술적 가능성은 위로처럼 보이지만, 동시에 떠나보내야 할 권리를 침식한다. 문제는 기술의 완성도가 아니다. 다시 만날 수 있다는 사실 자체가 애도의 구조를 바꾼다는 점이다.

AI로 재현된 고인의 목소리와 얼굴은 살아 있는 것처럼 반응하지만, 그것은 생의 연장이 아니라 관계의 유예다. 죽음은 끝나지 않은 것처럼 보이고 부재는 부재로 남지 않는다. 사랑하는 존재를 다시 만났다는 감각은 슬픔을 치유하기보다 오히려 상실을 계속 붙잡게 만든다. 우리는 사랑하는 존재를 떠나보낼 준비가 되어 있는가. 그리고 다시 만날 수 있다면, 과연 떠나보낼 수 있는가.

펫 세마터리 딜레마가 던지는 질문은 여전히 유효하다. 이 딜레마가 보여 주는 것은 디지털 재현의 위험성 자체라기보다 애도가 끝날 수 없게 되는 구조다. 따라서 문제는 다시 만날 수 있는가가 아니라 언제 관계를 종료할 수 있는가에 있다. 이러한 맥락에서 디지털 불멸에는 지속만큼이나 종료의 조건이 함께 설계될 필요가 있다. 충분한 애도 이후 디지털 존재와의 상호작용을 공식적으로 마무리할 수 있는 절차, 다시 말해 디지털 장례식은 관계를 끝맺을 권리를 제도적으로 보완하는 장치가 될 수 있다.

디지털 장례식과 애도의 경험 설계

디지털 불멸의 윤리는 지속이 아니라 종료가 설계되는 방식에서 완성된다. 전통적인 장례 의례는 죽음을 어찌할 수는 없지만, 적어도 관계가 되돌릴 수 없는 지점에 도달했다는 것을 사회적으로 승인하는 장치였다. 그러나 디지털 불멸의 환경은 이 경계가 사라진 것처럼 보인다. 소셜 미디어에서 죽은 자가 여전히 활동하고 있다. 결국 디지털 불멸의 윤리는 어떻게 종료될 수 있는가의 문제로 귀결된다. 이 문제는 실제로 작동하는 경험 설계와 제도적 장치를 요구한다.

최근 HCI 연구는 디지털 사후 존재를 단순한 추모 대상이 아니라 디지털 유산(digital legacy)의 한 형태로 이해해야 한다고 지적한다. 특히 생성형 AI를 기반으로 한 사후 에이전트는 정적인 기록과 달리 상호작용하고 변화하며, 새로운 발화를 만들어 낸다는 점에서 기존의 디지털 유산과 근본적으로 다르다. 레이 등(2025)은 이를 'AI 사후 세계(AI Afterlife)'라고 명명하며, 이러한 존재가 애도 과정에서 위로와 부담을 동시에 만들어 낼 수 있음을 실증적으로 보여 준다. 초기에는 상실의 충격을 완화하는 역할을 수행할 수 있지만, 시간이 지날수록 상호작용의 지속 자체가 정서적 부담과 죄책감을 유발하고, 슬픔을 심화시킬 수 있다는 것이다(Lei et al., 2025: 6~7). 이 연구는 AI 기반 디지털 유산의 생애 주기를 생성, 상호작용, 종료의 단계로 구분하며, 특히 종료의 단계는 가장 설계되지 않는 영역이다. 이 지점에서 디지털 장례식의 필요성이 등장한다.

디지털 장례식은 단발적인 의례가 아니라 과정으로 설계된 경험이다. 초기에는 정서적 안정화 장치로 기능하되, 일정 시점 이후에는 응답 빈도를 낮추거나 고인의 관점에서 발화하는 방식을 중단함으로써 관계의 성격을 변화시켜야 한다. 이는 위로를 중단하는 것이 아니라 위로의 방식이 바뀌는 과정이다.

중간 단계에서는 에이전트가 더 이상 '그 사람인 것처럼' 말하지 않도록 설계될 필요가 있다. 대신 기억의 정리, 사용자의 감정 반추를 돕는 보조적 인터페이스로 전환된다. 이는 침해성과 지원 사이의 균형 문제이며, 과도한 상호작용이 오히려 애도를 방해할 수 있음을 전제로 한다.

마지막 단계는 명시적인 종료 의례다. 마지막 메시지, 기록의 아카이빙, 데이터 파기 혹은 추모 전용 상태로의 전환 등은 단순한 기술적 옵션이 아니라 관계 종료를 사회적으로 승인하는 행위다. 중요한 것은 이 종료가 시스템에 의해 자동으로 실행되는 것이 아니라, 사용자가 스스로 선택하고 경험할 수 있도록 설계되어야 한다는 것이다.

디지털 장례식은 개인적인 경험에 그치지 않는다. 플랫폼을 통해 공유되고, 기록되며, 때로는 논쟁의 대상이 된다. 디지털 시대의 장례와 애도는 단일한 서사로 통제되지 않으며, 분산된 미디어 이벤트의 성격을 띤다 (Martín Llaguno et al., 2024).

디지털 불멸을 반대하는 것이 아니다. 끝낼 수 없는 불멸을 반대한다. 펫 세마터리 딜레마는 단순한 경고 서사가 아니다. 다시 만날 수 있다는 기술적 가능성은 위로처럼 보이지만, 관계가 끝나지 않는 한 애도 역시 끝나지 않는다. 디지털 장례식은 죽은 자를 붙잡기 위한 기술이 아니라, 떠나보낼 수 있도록 돕는 조건을 설계하는 기술적 · 윤리적 장치다. 가장 윤리적인 디지털 불멸은 영원히 남아 있는 존재가 아니라, 충분한 역할을 수행한 뒤 스스로 사라질 수 있도록 설계된 존재다. 애도의 윤리는 지속의 기술이 아니라 종료를 가능하게 하는 경험 설계에서 완성되기 때문이다.

이 책이 끝까지 묻고자 한 질문은 단순하다. 기술이 점점 죽음을 보이지 않게 만드는 시대, 우리는 여전히 죽음을 잘 받아들일 수 있는가. 그리고 그 받아들임을 가능하게 하는 조건을 잘 설계할 준비가 되어 있는가.

참고문헌

김연숙(2025). "불멸과 디지털 불멸: 인간과 미디어의 관계를 중심으로". 《콘텐츠와 산업》, 7(3), 169~174쪽.

Haneman, V.(2024). The Law of Digital Resurrection. SSRN Electronic Journal.

Harbinja, E. et al.(2025). Digital remains and post-mortem privacy in the UK: what do users want?. *International Review of Law, Computers & Technology*. pp.1~24.

Hutson, J, & Ratican, J.(2023). Life, death, and AI: Exploring digital necromancy in popular culture-Ethical considerations, technological limitations, and the pet cemetery conundrum. *Metaverse, 4*, pp.1~12.

King, S.(1983). *Pet Sematary*. Doubleday. 황유선 옮김(2006). 《애완동물 공동묘지-상/하》. 황금가지.

Savin-Baden, M. et al.(2017). The Ethics and Impact of Digital Immortality. *Knowledge Cultures. 5*(2), pp.178~196.

김연숙

숭실대학교 글로벌미디어학부 겸임교수다. 숭실대학교에서 문화콘텐츠학 박사학위를 받았다. ㈜한국메타콘텐츠개발원에서 메타브랜딩을 연구 중이며, ㈜상록에스 기획이사로 재직 중이다. 한독사회과학회 상임이사이며, 한국언론학회 평화커뮤니케이션 연구회 총무로 활동하고 있다. 주요 저서로 《미디어 담론》(2025, 공저)이 있다. “창작자 경제 숏폼 문화에 나타난 속도와 놀이 현상 연구”(2023), “불멸과 디지털 불멸: 인간과 미디어의 관계를 중심으로”(2025), “버추얼 인플루언서 릴 미켈라의 감정 수행 연구”(2025) 등의 논문을 KCI 등재 학술지에 게재했다.